Die schönsten Gedichte, Geschichten und Kalendernotizen
zur Winter- und Weihnachtszeit zum Schmunzeln,
Nachdenken und Innehalten

Vera Hewener

Zaubervolle Winterwelt

Edition Calamus

Über das Buch

Voller Zauber ist die Winterwelt: Eisblumen blühen, Schnee glitzert, Kamine knistern. Weihnachten steht vor der Tür. Die Anthologie versammelt die schönsten Gedichte und Geschichten zur Winter- und Weihnachtszeit aus dem literarischen Werk von Vera Hewener. Heitere, nachdenkliche und besinnliche Verse laden zur Feier der stillsten, dunkelsten und dennoch hellsten Jahreszeit ein. Kalendernotizen führen durch das Brauchtum, die Fest- und Feiertage. Mit Übertragungen traditioneller Weihnachtslieder in die saarländische Mundart und saarländischen Mundartgedichten. Ein Buch zum Stöbern, Schmunzeln, Nachdenken und Innehalten mit Farbfotografien.

Über die Autorin

Vera Hewener, geboren 1955 in Saarwellingen, Dipl.-Sozialarbeiterin, veröffentlicht seit 1985 u.a. in Deutschland, Frankreich und der Schweiz, Einzelübersetzungen ins Französische und Ungarische. Vera Hewener erhielt für ihr Werk mehrere internationale Auszeichnungen und Literaturpreise u.a. „Superpremio Cultura Lombarda" vom Centro Europeo di Cultura Rom (I) 2001, den „Grand Prix Européen de Poésie" von CEPAL Thionville (F) 2005, zuletzt Goethe-Preis 2013.

Pressesplitter

"..fast meditativer Tonfall ... weil bei ihren Zeilen alles ein sicheres Maß hat. Zart, zerbrechlich und bewundernswert ist dieses Maß." Saarbrücker Zeitung, 09.03.2011.
„Vera Hewener versteht es, mit kräftigen Farben Bilder in unserem Kopf zu erzeugen, die jede Jahreszeit lebendig werden lassen. Es sind kleine Wortkunstwerke, die da für den Leser das Naturerleben plastisch darstellen. " Heusweiler Wochenpost, 08.01.14

Die schönsten Gedichte, Geschichten und Kalendernotizen
zur Winter- und Weihnachtszeit zum Schmunzeln,
Nachdenken und Innehalten

Vera Hewener

Zaubervolle Winterwelt

Edition Calamus

Die Deutsche Bibliothek verzeichnet diese Publikation in der Deutschen Nationalbibliografie; detaillierte bibliografische Daten sind im Internet unter http://dnb.d-nb.de abrufbar.

Umschlaggestaltung und Layout: Vera Hewener
Fotografie Umschlag: Helmut Hewener
Fotografien Innenteil: Vera Hewener
Bildbearbeitung: Vera Hewener
1. Ausgabe 2014.

Herstellung und Verlag:
BoD - Books on Demand
In de Tarpen 42
D- 22848 Norderstedt
ISBN 978-3735761262
9,90 €

Winterboten

Kalendernotiz: Winter

"wintar" kommt aus dem Althochdeutschen: und bedeutet feuchte Jahreszeit. Der astronomische Winter beginnt auf der Nordhalbkugel um den Zeitraum der Wintersonnenwende am 21. oder 22. Dezember, wenn die Sonne senkrecht über dem südlichen Wendekreis steht und die Tage am kürzesten sind. 1780 wurde auf Anregung der Pfälzischen Gesellschaft für Meteorologie der Begriff "Meteorologischer Winteranfang" eingeführt. Im Unterschied zum astronomischen wird der meteorologische Winter auf der Nordhalbkugel den Monaten Dezember, Januar und Februar zugeordnet. Phänologisch hat der Winter nur eine Jahreszeit. Er kann je nach Klimazone vom meteorologischen Winter stark abweichen. Bereits im Oktober kann es zu Frost kommen. Nach dem Blattfall der Stiel-Eiche, des Spätapfels und dem Nadelfall der europäischen Lärche beginnt die Vegetationsruhe.

Die Temperaturen sinken allmählich unter den Gefrierpunkt. Sinkt der Taupunkt unter den Gefrierpunkt des Wassers, bildet sich Reif als kristalliner Belag auf Wärme abstrahlenden Flächen. Bildet er sich bei hoher Luftfeuchtigkeit direkt in der Luft, spricht man von Raureif. Aus den nadelförmigen Eiskristallen entstehen sechsstrahlige Sterne, sogenannte Dendrite. Eine Besonderheit des Raureifs sind Eisblumen.

Bauernregeln

Ist der Winter hart und weiß, wird der Sommer schön und heiß.
Eine gute Decke von Schnee, bringt das Winterkorn in die Höh.
Ist der Winter nass und frostig, werden alle Schrauben rostig.
Ist der Winter warm, wird der Bauer arm.

Zitate

"Bringe den Schlitten im Sommer in Ordnung, den Wagen jedoch im Winter." Russisches Sprichwort

Früher Frost

Kurz ist der Herbst
mit rotbrauner Tinte
schreibt er von
Übergang Lichtverdruss

das viel zu frühe Weiß
treibt schwarze Schatten
mir ins Gesicht

ich sehe Eisherzen
die mir der Frost ins Fenster malt
früher Frost
der alles was lebt
erstarren lässt
selbst Schneemännern
versiegelt er den Mantel kalt

mich friert
zu glauben
was er voraussagt:
dem schlägt kein Herz
der Wärme nicht sucht

Nordwind

Schon spuckt die Nebelkehle
kalte Töne ins Land
trompetet die Schwanengans
dem Steinkauz entgegen

Tore fallen ins Schloss
in den Zinnen gefriert der Schnee

die Zacken der Forke im Frost
Eisenlieder blechern im Rost
über den Boden
an dem der Nordwind zaust

Die Tannenmeise

Die Tannenmeise hat es schwer,
die Tann' ist nur im Frühjahr leer.
Im Sommer spitzen sich die Nadeln;
wem's gleich ist, wunde Federn tadeln.
Im Herbst wird's eng im Ästeland,
zu viele Zapfen im Bestand.

Im Winter macht der Schnee sie glatt.
Drum will die Meise jetzt Rabatt
für die Gesellschaft in den Zweigen.
Will sich's die Tanne nicht verleiden,
zahlt sie mit glänzendem Kristall.
Das mögen Tannenmeisen all.

Die Worte der Wälder

Das Grün der Täler verblasst
vor der Tiefe dunkel fallender Nebel.
Schweigsam wird's sein,
wenn die Nächte in Tagen Einkehr halten
und meine Seele zwingt zum Licht.
Die Worte der Wälder lauten jetzt:
spitze Klänge des Frosts.
Durch die Äste wirrt Eiswind,
steift seinen Hauch über die Kronen
und im kalten Glas verliert ein Vogel gegen die Zeit.
Im grauen Blickfeld spinnt Silberfäden das Nebeldach,
gießt Kristalle ins Tal, die heimleuchten.
Ihr Funkeln flirrt mir plötzlich im Auge,
als ich, den Tag aufsammelnd, am Fenster stehe,
geblendet vom Glanz, nicht mehr wähnend
den farbigen Verlust vor der Lichtflut des Verschneiten.

Winterboten

Vertrocknete Blätter tropfen von Astkronen
am Wurzelwerk fügt Eichenlaub sich zum Kranz
gefrorener Boden unter Tritten knarrt
ein Eichhörnchen hurtig Vorräte verscharrt

zwischen den Stämmen streift Nebel umher
ein Hirsch darin sich verbirgt
Stechpalmen recken rote Köpfe
Zapfen wachsen aus Zedern hinauf
durch Winterheide kriecht der Wacholder
Tannen stellen ihr Nadelkleid aus

Winterwelt

Platzhirsche treiben die Herde
durch tiefes Schweigen
das an der Futterkrippe endet
Wintergäste weiden

Hasen kauern in Bodenhöhlen
Bachen das Gebüsch durchwühlen
über dem Dachsbau kugeln
Igel sich davon

Schneewasser rinnt durch Frostgräben
Eistöne klirren
von Fichten entrichtet
im Schneeflockentanz

Winternächte

Kannst du glauben dass winterliches Blau
deinen Himmel erfrieren lässt
wenn Kälte in dir feuert anheizt

glaubst du deinem Innersten
deiner eigenen Wahrheit
die dich finden lässt

des Winters Einsamkeit
friert in dir
wenn du erkennst

das ist das Erhellende dunkler Nächte
das von Sternen abstrahlt
bis der Tag reift aufgeht

um überzugehen
Jahr für Jahr
auf deinem Weg
zur Ewigkeit

Winters Einkehr

Wie Brausen der lodernden Scheite
verhielte sich wer das Winterhaus verlässt
sich im Gezweig der weißen Wege
dem Unsichtbaren zugeneigt
flügelschlagenden Wesen zu nähern sucht

> *obgleich Kälte das Herzlaub*
> *zerfror es für die Frühlinge*
> *verstarrt um zu festigen*

schau in dein Inn'res dein Einsames
dein nie nach außen getragenes Gesicht

> *die Welt die draußen*
> *der Einkehr des Winters harrt*
> *fällt auf sich selbst zurück*

wie das Übermaß das uns umgibt
unauflösliche Nähe
eines einzigartigen Ereignisses
dieser einen Nacht:

Blicke ohne Worte
sein und nichts haben
als das reinste Gefühl der Gefühle
einer Wegwarte: Liebe

Winterliebe

Unter Schneeflockendecken
des Winterbetts
ruhen Schläfer

Schutz befohlen
Erd gewärmt
Zeit verdrossen

über ihnen
die Fackel der Christrose
die im Funkenflug
des Nordlichts
aufblüht

weißlippig
Schnee schnippig
Frostfrau
Winterliebe
Lichtgeburt

Schneehaus

Des Nordwinds klirrendes Eis
fiel aus dem tiefliegenden
rotgeränderten Sternenhimmel

lief am Morgen über die Felder
auf die Straßen entschlossen
an Türen zu klopfen
an Fenstern zu wachsen

im Schneehaus gefangen
Zeiträume aus Licht
flackern kerzengelb ins halbe Sonnenrund
das im bleichen Glas spiegelte und blendete
wie Engel die ihre flirrenden Flügel ausbreiten
um Wohnungen zu bewachen

der Taghauch wehte
öffnete Augen und Gedanken
Worte tauschend
Schneeflug lauschend

den glitzernden knisternden
        Eistönen entweichenden
                Winter zeichnenden Spuren

der kommenden Herrlichkeit zu folgen

Naats still

Im Newwel träämt die Strooß vom Licht
heat kään Gespräch kään Ton kään Laut
än alta Bòòm da Zeit vatraut
hat sich im Dunkeln ingericht

da Stamm im Bodden ingewurzelt
wo Blätta splittan rot wie Roscht
die Kält hat all sein Laub gekoscht
än Specht is aus em Nescht geburzelt

it is so still ma lauscht und lauscht
un waat dodruff dat wat pasiat
ma heat it Herz wie't schlaat un friat
haut Naat hat sich de Zeit vatauscht

als frej um acht da Mojen mait
is alles weiß ma glaawt it kaum
die Sun strahlt wie än Glitzersaum
die Äscht om Boom han sich gefreit

un pletzlich heat ma Kinnalachen
ma wääs wat jetz kummt bleiwt un hält
wo Licht is alles leichta fällt
selbscht schwache Glut duut sich entfachen

Schneesturm

Guck moll wie drauß da Schnee vaweht
eich huck mich hin it Feia knittat
it Holz brennt longsom ab un splittat
de Stunn im Funkenflug vageht

eich honn mich in de Deck gemummelt
so hämelich is all die Wärm
de Kerz flommt uff gonz ohne Lärm
se flackert biet sich bis se brummelt

eich huck im Sessel it Feia knittat
draußen da Schneesturm heilt und dreent
ins Finschta hat die Naat sich geleent
än Wildsau Futta hat gewittat

om Daa danòò is alles stumm
kään Liftche zippelt ma om Oa
nix weißt druff hin wie't gischta woa
wäa nit om Stall die Dia so krumm

Wenn Winta is

Winta, Winta,weiss un kalt
kummscht lòhea gefloo
feescht schnell iwwa Feld und Wald
Virrel furtgezoo

Schal un Händschen òòngezoo
eich muss trotzdem ziddan
Flocken hascht de abgewoo
määna soll dò widdan

Bääm hònn schwea òn dia se tròòn
Äscht lossen sich hängen
määna konn deich voahea fròòn
dat gääft nitt vafängen

Kinna bauen volla Freid
Schneemänna met Nòòsen
longsom gifft ma haut de Zeit
haut konn määna ròòsen

*

Still is it draußen
än Hirsch reat will pussieren
Geweihe krachen

*

Schnee trippst hell vom Dach
de Sunn wärmt sich uff mittachs
än Reh trinkt Eistee

17

Der Winter

Vereister Schnee lässt frieren uns und zittern,
mit kühlem Atem bläst der strenge Wind,
wir stapfen Schritt für Schritt fast farbenblind
mit Zähneklappern, Eiszapfen zersplittern.

Am Feuer träumen, wenn die Äste knittern,
wenn draußen Regen strömt im Gegenwind
und alle langsam und bedächtig sind,
mit Vorsicht über eis'ge Wege schlittern.

Wer schnell geht, ausrutscht, stürzt zur Erde.
Auf's Neue schlurft man, sucht sein Gleichgewicht,
bis irgendwann das Eis reißt und zerbricht.

Beim Öffnen schleift das Eisentor die Erde
im Kampf mit Winden aus Südost und Norden.
Welch große Freud', dass Winter uns geworden.

Nachdichtung des Sonetts "L'Inverno" – Der Winter aus
„Die vier Jahreszeiten" von Antonio Vivaldi

Wilderers Nachtlied

Ein Wanderer quält sich durch Kälte und Feld
ein Reh jagt gehetzt aus der Winterwelt
die Kitze folgen ihm auf dem Sprung
staksen durch Schnee dichte Nebelung

von fernher droht lautes Hundgebell
eine Wildkatze leckt sich ihr Winterfell
es schellt und klappert ein lautes Gebrüll
die Wilderer harren im Hochgestühl

da wendet der Wanderer seine Richtung
stockt seinen Lauf vor der Abschusslichtung
das Jagdgehetze verärgert gestoppt
die Meute um reichliche Beute gefoppt

das Wild flieht zurück in die Winterwelt
die Jagd ohne Fang wieder eingestellt

Kalendernotiz: Dezember

"Heilagmänoth", heiliger Monat, hieß einst der Dezember im alten deutschen Sprachraum und deutete das Christfest an. Bei den alten Römern war er dem Saturn geweiht; die Wintersonnenwende fiel im julianischen Kalender auf den 25. Dezember.

Am 4. Dezember ist Barbaratag. Von ihrem Vater wurde die heilige Barbara der Legende nach wegen ihrer Weigerung, ihre jungfräuliche Hingabe an Gott und den christlichen Glauben aufzugeben, hingerichtet. Seit dem Mittelalter gehört die Heilige Barbara zu den 14 Nothelfern und wird besonders zum Schutz vor jähem Tod und als Beistand der Sterbenden angerufen. Wegen ihrer Flucht durch eine Felsspalte wurde sie auch als Schutzheilige der Bergleute verehrt, ist Schutzpatronin der Hüttenleute, Geologen, Glöckner, Glockengießer, Schmiede, Maurer, Steinmetze, Zimmerleute, Dachdecker, Elektriker, Architekten, Artilleristen, Pyrotechniker und Feuerwehrleute.

Sankt Nikolaus wird am 6. Dezember gefeiert. Nikolaus von Myra verteilte das Vermögen, das er von seinen Eltern erbte, nach deren Tod an Arme. Der Bischof von Myra ist Nothelfer, Geschenkebringer, Wundertäter, Schutzpatron u.a. von Kindern und Seefahrern. Martin Luther lehnte die Nikolausverehrung ab und verlegte das Beschenken auf den 25. Dezember durch das Christkind.

Am 8. Dezember feiert die katholische Kirche Mariä Empfängnis, das sog. Hochfest der ohne Erbsünde empfangenen Jungfrau und Gottesmutter Maria oder Mariä Erwählung. Das Protevangelium des Jakobus erzählt von Joachim und Anna, den Eltern Marias. Sie beklagten ihre Kinderlosigkeit. „Und siehe, ein Engel des Herrn trat zu ihr und sagte: „Anna, Anna, erhört hat Gott der Herr deine Bitte. Du wirst empfangen und gebären, und man wird von deiner Nachkommenschaft reden auf dem ganzen Erdkreis." Die Befreiung Mariens von der Erbsünde im Augenblick ihrer Empfängnis gehört seit dem Mittelalter zum Glaubensinhalt. Papst Pius IX. erhob die unbefleckte Empfängnis Mariens, die Immaculata conceptio, am 8. Dezember 1854 in der Bulle „Ineffabilis Deus" (der unbegreifliche Gott) zum Dogma. Da sich diese Lehre nicht aus den Schriften ableiten lässt, wird sie von evangelischen, orthodoxen und altkatholischen Christen nicht geglaubt.

Die heilige Luzia, die Leuchtende, wurde 286 in Syrakus, Sizilien, geboren und starb 304 als Märtyrerin. Gedenktag ist der 13. Dezember. Sie nahm ihre kranke Mutter mit zu einer Wallfahrt ans Grab der heiligen Agatha nach Catania, sie gesundete und stimmte der Auflösung ihrer Verlobung zu, da Luzia Jungfräulichkeit gelobt hatte. Der abgewiesene Bräutigams veranlasste, dass sie in ein Bordell gebracht werden sollte, doch das Ochsengespann und tausend Männer konnten sie nicht dorthin bewegen. Sie starb durch einen Schwertstoß in die Kehle. Die heilige Luzia ist Patronin u.a. von Siracusa und Venedig, der Armen, Blinden, reuigen Dirnen, kranken Kinder. In den nordischen Ländern, insbesondere in Schweden, gehört das Luziafest zum vorweihnachtlichen Brauchtum. Mädchen tragen weiße Gewänder, die von einer roten Schärpe gehalten werden und einen Lichterkranz auf dem Kopf.

Der Winter ist in Europa nirgendwo grimmiger und länger als in Russland. Dafür sorgt Väterchen Frost, der Herr des Winters. Er ist mehr als nur ein Geschenkebringer. Ähnlich wie Sankt Nikolaus trägt er einen bodenlangen roten, ursprünglich blauen, Mantel mit weißem Pelzkragen, eine rote Mütze mit weißem Pelzrand, weißen Gürtel, Fäustlinge und Walenki, das sind warme russische Filzstiefel. Schon im November lässt er Flüsse und Seen erfrieren, Schneestürme über das Land brausen. Die Kälte klirrt, wenn er sein Zepter in den Boden stampft. Seit 2005 feiert Russland am 18. November den Geburtstag von Väterchen Frost. Die Stadt Welikij Ustjug gilt als Heimat. Sie liegt im Norden Russlands, ca. 1.000 Kilometer nordöstlich von Moskau. Die Residenz von Väterchen Frost befindet sich im Wald, 11 km von der Stadt Welikij Ustjug entfernt. Der Stadt geht es so wie der saarländischen Gemeinde Sankt Nikolaus, einem Ortsteil von Großrosseln. Dort eröffnet seit 1966 im Dezember ein Nikolauspostamt, das Briefe „an den Nikolaus" mit einem Sonderstempel beantwortet.

Bauernregeln und Sprüche

Geht Barbara im Klee, kommt das Christkind im Schnee.

Regnet's an St. Nikolaus, wird der Winter streng und graus.

Kommt die Heilige Luzia, findet sie schon Kälte da.

Im Dezember sollen Eisblumen blühen, Weihnachten sei nur auf dem Tische grün.

Zitate

„Er gibt Schnee wie Wolle, er streut Reif wie Asche. Er wirft seine Schloßen wie Bissen; wer kann bleiben vor seinem Frost? Er spricht, so zerschmilzt es; er läßt seinen Wind wehen, so taut es auf. " Ps 147, 16-18

"Bringe den Schlitten im Sommer in Ordnung, den Wagen jedoch im Winter." Russisches Sprichwort

Dezember

Weißes Geäst
wild tanzende Schneeflockenschar
verlassenes Nest
leis zitterndes Vogelpaar

Vereiste Pfütze
erfrorener Blätterwald
verlorene Mütze
dich sucht ein Junge bald

Eisblanker Morgen
frostiger Windeshauch
bittendes Borgen
wärmender Ofenrauch

Winter

An den Scheiben kalter Fenster
blühen Blumen, weiß, aus Eis,
tanzen in der Nacht Gespenster,
bilden einen Zauberkreis.

Tanzen auf und tanzen nieder,
decken zu das kahle Haus,
bauen Schneelawinen wieder
auf den Dächern ohne Paus'.

Und am nächsten Morgen schimmert
die Natur im Glitzerkleid
sieh nur wie die Tanne flimmert,
wie sie flüstert weit und breit.

lichtwechsel

im nebelschlund
entsunkenes mondlicht
tautropfen wachsen
grashalm bewegt
lichtwechselblende
verlorene duftperlen
letztes sonnwendtanzen
vor dezembriger weißwelt

Winterwald

Wald aus Eis, nebelweiß,
Winter ist gekommen.

Weihnachtszeit steht bereit,
ist schon ganz benommen.

Weihnachtstann strahlt uns an,
ist schon reich geschmückt.

Engelshand hat im Land
Christrose gepflückt.

Schneefall

Verschneite Pfade
Schneematten auf den Feldern
Laufspur der Rehe

Schneeweißgestöber
Wildwechsel an der Krippe
Vogelzitterspiel

Tannen im Schneelicht
Engelhand wirft Sternschnuppen
Christrosen blühen

Wintertönung

Strohgräsergrün geneigt
querfeldein zieht Sonne einen Weg
für den Wanderer
der hingeht in stiller Einsamkeit

im braunbunten Untergrund
lichtern Schneeflecken

vordergründiger Blick
auf den Häuserabzug
den die helle Kühle bleckt

blau durchwirkt
errötet die Wintertönung

Schneegeflüster

In Tannenwäldern wirbelt Wind
schneidet mit seinem Singen
mit eisernen kristallnen Klingen
den Winterhauch der sich verspinnt
auf Frostes Nebelschwingen

Im Silberschimmer leuchtet Licht
kleidet mit seinem Scheinen
das pfeifende metallne Weinen
das Winterlied das Nächte bricht
aus Sternes Glitzersteinen

Und in des Schnees Einsamkeit
flüstert ins Herz der Stunde
aus edelstem aus schönstem Munde
die Christrose die Seligkeit
von Engels Botenkunde

Advent

Die Schneerose

Stille wiegt im Silberbett die Nieswurz
Rose die ihren Kelch
mit Schwindel füllt

erhaben im Schneeschaum
wenn Frost dich umzittert
bittert in der Kälte
ein weißes Blütengewand

birgt auch die Zeit ein ewiges Geheimnis:
die Schneerose blüht für ein Kind
das uns geboren aus göttlicher Neigung

*

Christrosengeflüster

Wind wirbelt
schneidet den Winterhauch
aus den Klängen der Eiskristalle

Licht entsilbert
am Schleifton der Frostkralle
reibt sich ein Winterweinen

in der Einsamkeit des Schneefelds
flüstern Christrosen
von der Botenkunde der Engel

Nussknacker und Haselmaus

„Knack mir die Nuss,
Knackerdiknack",
ein Haselmäuslein spricht.
„Ist das ein Muss,
Rackerdirack?",
der Nussknacker anficht.

„Was heisst hier Muss,
Knackerdiknack,
du bist dafür geboren.
Dein Kiefer ist aus einem Guss.
Gib doch der Nuss den Todeskuss.
Ich hab 'nen Zahn verloren."

„Befiehlst du mir,
Rackerdirack,
ich soll dir Nüsse knacken?
Ich knacke nur noch aus Plaisir
zu meiner Zier und nicht aus Gier.
Du musst die Nuss selbst packen."

„Wärst du mir gut,
Knackerdiknack",
versprach das Haselmäuslein,
„ein ganzes Lager böt ich dir.
Als Dank dafür wohnst du bei mir
im Winter hier im Häuslein."

„Wenn's mir gut tut,
Rackerdirack,
beiß ich die harten Schalen auf,

mit meinen starken Backen,
alle zuhauf, wenn du darauf
mir kühlst den steifen Nacken."

So biss der Knacker mit Genuss
sich durch das Lager Stück für Stück.
Die Maus versank im Vorratsglück,
hat das Versprechen eingelöst.
Nussknacker ist gleich eingedöst.

Er knackte einen Winter lang
in Haselmäusleins Unterfang.

*

Schnee fällt ins Kamin
überall klingeln Glöckchen
es klopft an die Tür

*

Aus Silberwolle
gestrickt Eiskleid der Tannen
trägt Kälterosen

Der schwarze Nikolaus

Es war einmal ein Nikolaus,
der stieg aus seinem Schlitten aus.
Als er durch einen Schornstein fiel
erklang ein helles Glockenspiel
und als er Strümpfe füllte,
der Haushund tobte, brüllte.

Da kletterte der Nikolaus
durch den Kamin aufs Dach hinaus,
der Bart ergraut, der Rock voll Russ.
Die Frieda hob den Arm zum Gruß
und winkte freundlich lächelnd.
Der Nikolaus, leicht hächelnd,
grüßte zurück und rief: „Ho ho".

Da strahlte Mutter Frieda froh.
Ein Schornsteinfeger im Advent,
das war das schönste Glücksmoment!
Im Haus sie volle Socken fand,
der Hund das Bellen überwand.
Ein Wunder die Bescherung,
die reinste Glücksvermehrung!

Bedanken wollte sie sich gleich,
sah ins Kamin, des Fegers Reich.
Dort funkelten sämtliche Sterne.
Einen Schlitten zog in der Ferne
der schwarze Mann mit viel Gebraus. -
War das vielleicht der Nikolaus?

Maria Erwählung

Nur eine ist's
die auserwählt
arm
schwach
einfach

Wer aber
dies missachtet
findet keinen Weg
zum Herrn
der Schöpfung

*

Mariengebet

Maria
die du alle Schmerzen einer Mutter
geboren hast
steigst empor aus der Last
irdischer Not

Schenk mir das Brot
dieser Liebe

Verkündigung

Durchscheinend wie des Höchsten Licht
tritt er mit einem Hauch hervor
fühlt spürt sie was sie zart umwirbt
mit Flügeln aus dem Sternentor

aus andrer Zeit durch alle Zeiten
ist Gabriel zu ihr gekommen
was er vernahm trug er ihr zu
er ist weil er das Heil vernommen

die Flügel bauschen sich im Glanz
verklärt der Augen stilles Flimmern
es füllt den Raum mit Gotteskraft
des klaren Geistes hellstes Überschimmern

und als er sprach verkündete
das Ungeheure ihr der Allerkleinsten
erschauert staunte bangte sie
dass sie erkoren war zur Reinsten

als zaghaft sie die Augen hob
begriff dass sie der Schoß des Lichts
für alle Menschen werden sollte sank sie
zu Boden der Sohn in ihr geboren einem Nichts

da fielen von ihr Schmach und Leid
denn Großes war ihr widerfahren
voll Demut klopfte froh ihr Herz
des Höchsten Gut sie durfte es bewahren

Marias Lob

Maria sang das Lob da ihr verkündet
das Gotteskind in ihrem Leib zu tragen
sie sang es ohne Angst und ohne Zagen
mit ihrem Mut das Licht der Welt begründet

die neue Zeit in der die Liebe mündet
ins Reich des Herren sollten wir es wagen
uns hinzugeben denn euer Fragen
Verzweifeln vor welcher Wahl ihr heute stündet

hätt' Maria nicht gesungen bleibt
für immer ohne Antwort Gottes Sohn
ist gestorben mit der Dornenkron

die Seele sich am Unsichtbaren reibt
im Irdischen werden wir nicht erfahren
ob sich im Ewigen die Himmel klaren

*

Marienfürbitte

Mutter Gottes die du hast getragen
alle Blumen des Lichts ins dunkle Grab
lass Knospen sich winden
dass wir wiederfinden
Blüten der Liebe
die du uns einst
gebracht

Allerliebstes Licht

Da Du mich rufst, Dir zu folgen,
nimm nur mein Herz, nimm meine Seele ganz.
Kein Weh, kein Schmerz wird mich Dir nehmen,
vergess ich mich, vergess den Glanz.

Da Du mich rufst, Dir zu folgen,
gebe ich Dir mein ganzes Leben neu,
will Garten sein, sä' Dich mir wieder,
dass keimen kann die Frucht der Treu'.

An Deinen Blüten ich mich freue,
an Deiner Nahrung reife ich allein
und Deiner Sonn' erwächst die Wurzel,
die Tränen werden Regen sein.

Da Du mich rufst, Dir zu folgen,
geb ich mich Dir zu Deinem Willen hin,
mein Schöpfer Du, mein starker Tröster,
Du meiner Hoffnung Zuversicht,

Du hellstes, allerliebstes Licht.

Licht vom Licht

Suche im Licht
das Züngeln der Strahlen
lass dich behellen
sieh nicht mehr herab

gib deine Seele
in all dieses Leuchten
es überstrahlt
alles Weh alle Klag

strahlt deine Seele
auf andere Seelen
leuchtet das Licht
in allen fort

du bist der Leuchter
den er entzündet
trage die Kerze
an jeglichen Ort

Licht vom Licht bist du
Staub aus Staub seines Willens
Er leuchtet in dir

*

Die Botschaft aus Licht
fiel vom Himmel mir herab
Lichtblumen blühen

*

Lass mich atmen Herr
vor dem großen Wandelgang
Kraft schöpfen für dich

*

Komm zu mir herab
Dunkelheit blendete mich
Nur du kannst lichtern

Liebe

In der Finsternis der Nacht
hält dein Licht mich stark und fest
alles was mich zweifeln lässt
ist von Liebe zugedacht

Was das Kreuz verheißen hat
dass die Liebe überdauert
dass mich Leid nicht mehr erschauert
ist dies Geistes heilge Saat

Liebe trägt uns wie auf Flügeln
unversehrt in Licht und Schatten
lässt im Kampf uns nicht ermatten

Liebe wird das Dunkel zügeln
was sich sträubt zum Licht bekehren
Liebe kann nur Liebe lehren

Kalendernotiz: Advent

Seit dem Ende des 4. Jhd. läßt sich in Spanien und Gallien eine zunächst dreiwöchige Vorbereitungszeit auf Weihnachten beobachten (lat. adventus: Ankunft; griech. epiphaneia: Zeit der Vorbereitung auf das Fest der Menschwerdung), die sich durch eifrigen Gottesdienstbesuch und Askese (Fasten, gute Werke) auszeichnet. Im 6. Jhd. umfasste der Advent in Rom sechs Sonntage. Papst Gregor I. (+604) kürzte die Adventsliturgie auf vier Sonntage. Erst die dem Konzil von Trient (1545 - 1563) folgenden Liturgiebücher schrieben den Advent gesamtkirchlich vierwöchig vor. Die reformatorischen Kirchen stehen in der römischen Tradition. 1570 legte Papst Pius V. den römischen Ritus für die katholische Kirche endgültig fest.

Mit dem ersten Advent beginnt in den katholischen und evangelischen Kirchen das Kirchenjahr. Advent ist die Zeit der Erwartung. Im christlichen Weihnachts-Festkreis bereiten sich die Christen auf die Ankunft Jesus Christus vor, auf die Menschwerdung Gottes. Jeder der vier Adventssonntage hat einen eigenen Charakter. Der 1. Advent gilt dem Kommen des Herrn, in der evangelischen Kirche dem Einzug Jesu in Jerusalem, der 2. Advent ist der Wiederkunft Christi gewidmet, der 3. Advent erinnert an Johannes den Täufer, der 4. Advent ist der Mutter Gottes Maria gewidmet, die evangelische Kirche widmet ihn der nahenden Freude durch die Geburt Jesus Christus.

Der Hamburger evangelische Pfarrer Johann Hinrich Wichern, der ein Heim für elternlose Jugendliche leitete, das sog. „Rauhe Haus", begründete das Brauchtum des Adventskranzes. Er stellte in der Adventszeit einen Holzkranz mit 19 kleinen roten und vier großen weißen Kerzen für die Adventssonntage auf. Jeden Tag wurde eine Kerze mehr angezündet. Seit 1925 wird dieses evangelische Brauchtum, allerdings jetzt mit nur noch vier Sonntags-Kerzen, auch in der katholische Kirche gepflegt.

Der Brauch, Immergrünes in der Wohnung aufzuhängen, liegt 600 Jahre zurück. Die christlichen Symbolfarben im Advent und Weihnachten sind Grün und Rot. Grün symbolisiert die Hoffnung auf den Erhalt des Lebens im dunklen Winter. Traditionell werden deshalb immergrüne Gewächse verwendet wie z. B. Fichte, Tanne, Kiefer, Eibe, Buchsbaum, Stechpalme, Mistel, Stechginster, Wacholder u.ä..

In der Antike galt der Lorbeerkranz als ein Symbol des Sieges. Rot erinnert an das zur Erlösung der Menschheit vergossene Blut Christi. Die Farbkombination von Grün und Rot versinnbildlicht für Christen die Hoffnung auf Erlösung, auf das Kommen des ewigen Lebens nach dem Tod. Die Adventskerzen sind ebenfalls traditionell rot. Die vier Kerzen, die nacheinander an den vier Adventssonntagen entzündet werden, stehen für das kommende Licht, das an Weihnachten die ganze Welt erleuchtet.

Die Orthodoxe Kirche begeht den Advent bis heute als Fastenzeit vom 28. November 2013 bis zum 6. Januar 2014, dem sog. Philippus-Fasten. Am 27. November (am 14. November nach der alten Zeitrechnung) feiert die Russisch-Orthodoxe Kirche den Gedenktag des Apostels Philippus.

Bauernregeln und Sprüche:
Wenn Reif an den Bäumen im Advent sich zeigt, so wird uns ein fruchtbares Jahr bezeugt.
Wenn's Christkindlein Tränen weint, vier Wochen keine Sonne scheint.
Haben's die unschuldigen Kindlein kalt, so weicht der Frost nicht so bald.

Zitate:
"Freue dich sehr du Tochter Zion und jauchze du Tochter Jerusalem! Siehe dein König kommt zu dir ein Gerechter und ein Helfer."
(Sach 9, 9)

"Auf werde Licht, denn es kommt dein Licht, und die Herrlichkeit des Herrn geht leuchtend auf über dir. Denn siehe, Finsternis bedeckt die Erde und Dunkel die Völker, doch über dir geht leuchtend der Herr auf, seine Herrlichkeit erscheint über dir."
(Jesaja 60, 1-2)
"Gottes Sohn wird Mensch, damit der Mensch Heimat habe in Gott." (Hildegard von Bingen)
"Wenn du Gott amüsieren willst, erzähle ihm von deinen Plänen."
(Russisches Sprichwort)

✴

Advent

Wenn Eisblumen blühen an Fensterscheiben
und Kinder sich rosige Nasen reiben,
ist Winter, die weißkalte Zeit.

Wenn Schneeflocken Winterreigen knüpfen
und über Tannennadeln hüpfen,
ist Weihnachten nicht mehr weit.

Es duftet nach Plätzchen und Lebkuchenherzen,
nach Mandarinen, Nüssen und Kerzen,
nach Schokolade und Zimt.

Knecht Ruprecht füllt den Sack mit Geschenken,
die Glöckchen klingeln, die Sterne lenken,
den Schlitten Sankt Nikolaus nimmt.

Der Herr der Liebe

Die Finger seiner Hand sind starr geworden
vom Weben der verstreuten Seelen,
die überall in allen Herzen fehlen.
Es klingen die Verluste in Akkorden

einer lauten Stille übers Land,
wo sie der Herr der Liebe band
und ihnen neue Töne unbemerkt verlieh.
In der von Tod durchsetzten Agonie

ein zartes Knistern uns erlöste
und Worte in das Schweigen pflanzte.
Ein ungekanntes Licht ertanzte
unsre Welt, dass es uns tröste.

Advent Advent
lass Kerzen sprühen
in allen Nächten
lass Rosen blühen
da geboren werden soll
was Johannes uns verheißen hat

Weihnachtsmarkt

Das Graacher Tor scheint niemand aufzuhalten
an steilen Gassen schleift der Schritt der Zeit
sie wächst hinauf und macht die Häuser weit
und spitz Versunknes reift in all den alten

Gewölben was im Schweigen sich erhalten
sich nun in schmalen Gängen unverbleit
ertürmt und aufbricht Gegenwart verleiht
und hingeht auflöst sich im Taggestalten

Ein Inn'res das nicht erblindet sehend
den Grat des Widerscheins aus Mittelalter
am Weihnachtsmarkt Gelebtes schreibt der Psalter

und Altes über Alter am Brunnen stehend
ein Karussell das sich doch nie vollendet
und scheinbar mühelos ein Neues spendet

Bernkastel-Kues 17.12.2004

Kueser Plateau

1
Nebel pastellfarben
schwillt
über der Laudatio
der Denkmäler

weißbezuckertes Nadelgehölz
Lichtsprengsel
im Milchglas
der feuchten Kühlung

2
Gemälde
aus zartbesaitetem Pinsel
leicht verwischt
eine Brücke zur Gegenwart
atmet dich

3
Märchenlicht
verklärt das Graubewehrte
im Schilderwald
Sternengleiches
aufgepflanztes Zeitbajonett

Bernkastel-Kues 16.12.2004

Saarbrücker Christkindlmarkt

Lichterketten schmücken Häuserfronten
vor denen Zimt und Mandeln duften
auf dem Saarbrücker Christkindlmarkt

Rudi das Rentier zieht droben am Himmel
des Weihnachtsmanns Schlitten in Sankt Johann
quer über den Marktplatz mit Glockenklang

Eltern halten ihre staunenden Kinder
gebannt lauschen sie der alten Geschichte
die aus der Höhe herunter schallt

Holzfiguren von Bändern gehalten
stehen stolz auf dem Brunnenrand
auf der Bühne davor spielt ein Bläserchor

blaue Engel tanzen auf Glühweinbechern
zum Klang der himmlischen Hymnen

Saarbrücken, 26.11.2011

Lasset die Kinder zu mir kommen

Es war der zweite Adventsonntag und wie immer waren wir alle zusammen in die Kirche gegangen, um uns die Krippe anzusehen und den Adventskranz zu bestaunen, der an großen Seilen von der Decke der Kirche herunterhing. Mutter hatte uns alle besonders schön angezogen, denn sie wollte nicht, dass sich irgendjemand über unser Aussehen mokieren konnte. Schließlich war sie eine gute Mutter, die sich um die Familie sorgte und kümmerte. In der Kirche musste ich meine Hände aus dem Muff nehmen, denn Mutter hatte vorher gesagt, so was gehöre sich in der Kirche nicht. In der Kirche müsse man fromm sein, dürfe die Hände nicht in die Taschen stecken und müsse ganz still sein.

Dieses Jahr hatten wir eine neue Krippe bekommen. Der Stall war viel größer als vorher und mit richtigem Stroh gedeckt. Maria und Josef knieten davor und rundherum standen Schafe und ein Hirt. Das Jesuskindchen lag halb nackt in einem weißen Hemdchen in einer Wiege. „Mama", flüsterte ich, da ich wusste, was sich gehörte, „Mama, das Jesuskind muss aber kalt haben. Es hat nur ein kurzes Hemdchen an. Da hat Maria aber nicht gut gesorgt."

Mutter lächelte. „Mariechen, die Mutter Gottes hatte damals nichts anderes. Es gab nur Stroh in der Hütte, in der Jesus zur Welt kam", erklärte meine Mama.

„Aber warum hat sie dann ihren Schleier nicht abgenommen und ihr Kind damit eingewickelt. Du hättest das bestimmt getan!"

„Mariechen," meinte Mama, „damals trugen alle Frauen Schleier. Man bedeckte das Haar. Das gehörte sich so."

Nackt vor anderen Leuten in der Krippe zu liegen gehört sich aber nicht, Mama. Wir dürfen doch auch nicht nackt herumlaufen," sagte ich verständnislos.

„Mariechen, das ist doch nur eine Steinfigur. Damals, als Christus zur Welt kam, hat ja niemand zugeschaut." Da hatte Mama wohl recht. Wer konnte schon zusehen, wenn ein Kind zur Welt kam.

Aber neulich im Religionsunterricht hatte der Pastor behauptet, es sei eine Sünde, nackt herumzulaufen und sich nackte Menschen anzusehen. „Mama", versuchte ich weiter zu flüstern, „wir werden aber alle zu Sündern, wenn wir uns nackte Menschen ansehen, das hat unser Pastor gesagt."

„Das tut man auch nicht. Aber das Jesuskindchen ist ja kein Mensch. Er ist der Sohn Gottes."

„Hat denn der liebe Gott auch eine Tochter?" fragte Karlchen neugierig. „Nein, er hat keine Tochter."

„Aber warum denn nicht?" staunte Karlchen. Mittlerweile waren noch mehr Eltern mit ihren Kindern gekommen und standen um uns herum. „Papa", zupfte ich an seinem Arm, „Papa, wenn Gott nur ein Kind hatte, warum bringt der dann den anderen Frauen so viele Kinder?"

„Mariechen", sagte jetzt Mutter, „du sollst nicht soviel in der Kirche reden. Das tut man nicht. Das ist auch eine Sünde."

Warum sollte das jetzt eine Sünde sein, fragte ich mich, wo doch unser Pastor ununterbrochen im Gottesdienst redete. „Wenn das eine Sünde ist, weshalb darf dann der Pastor reden und auch noch so laut?" entrüstete ich mich. „Mariechen", seufzte Mama, „der Pastor betet. Er verkündet das Wort Gottes. Das ist seine Aufgabe."

So war das also. Der Pastor durfte reden, aber Kinder nicht. Er hatte mehr Rechte. Das konnte ich einfach nicht glauben. Gott liebte alle Menschen gleich. Das hatte selbst der Pastor schon gesagt. „Das würde ja bedeuten, dass Gott die Pastoren mehr liebt als andere Menschen!"

„Liebt Gott die Kinder nicht mehr?" fragte jetzt ein Mädchen, das hinter mir stand. „Gott liebt alle Kinder", beschwichtigte deren Mutter. „Mariechen", mahnte jetzt mein Vater, „hör bitte auf deine Mutter. Wir werden nachher darüber reden."

„Aber das Jesuskindchen friert doch. Darf ich es nicht mit meinem Schal zudecken?" fragte ich besorgt. „Niemand darf an die Krippe gehen. Das ist verboten!" sagte Papa.

Warum das wohl verboten war, wo doch vorher, als wir gerade in die Kirche kamen, die Schwester vom Altar aus an die Krippe gegangen war, um eine Kerze anzuzünden. Das konnte ich ganz und gar nicht verstehen.

„Wieso darf dann die Schwester an die Krippe gehen und wir Kinder nicht?" bohrte ich weiter. „Mariechen, wirst du wohl jetzt still sein!" sah mich Mutter streng an. Da war der Blick, mit dem sie sonst immer sagte, ich solle auf mein Zimmer gehen. Ich verstand, es gab verschiedene Arten, nackt zu sein und eine Sünde war nicht immer eine Sünde. Dass aber Gott jetzt auch noch Unterschiede mit seiner Liebe machte, empfand ich als ungerecht.

„Liebes Kind", sagte da plötzlich die Schwester, die inzwischen hinzugekommen war, um vor der Krippe nach dem Rechten zu sehen, „der liebe Gott hat alle Kinder lieb, Söhne und Töchter, alle sind Kinder Gottes, er macht keinen Unterschied."

„Aber zwischen den Frauen schon. Schwestern dürfen an die Krippe gehen, andere nicht!" „Ja weißt du, wir Schwestern sind mit Gott verbunden." „Aber wenn ich bete, bin ich doch auch mit Gott verbunden." „Liebes Kind, Schwestern sind die Bräute Gottes. Sie weihen ihm ihr Leben."

„Dann hat Gott ja ganz viele Frauen. Das würde ja bedeuten, dass Papa noch mehr Frauen heiraten dürfte als Mama!"

„Die Liebe zu Gott ist etwas anderes als die Liebe deiner Eltern zueinander," erklärte die Schwester. „Dann kann Gott sich selbst keine Kinder mehr machen?" fragte ich erschrocken, „hat er deshalb nur einen Sohn?" Jetzt sahen uns alle erwartungsvoll an. Es war plötzlich ganz still in der Kirche.

„Mariechen", bemühte sich mein Vater zu erklären, „der liebe Gott hat selbst nur einen Sohn, weil er die Menschheit erlösen wollte, damit alle in den Himmel kommen können." Das war also die Erklärung, der liebe Gott wollte nur die Menschheit erlösen.

„Papa", flüsterte ich jetzt so leis ich konnte, um nicht noch mehr zu sündigen, „Papa, hat der liebe Gott deshalb gesagt, lasset die Kinder zu mir kommen, denn ihnen gehört das Himmelreich?"

Oh Tannenbòòm

Oh Tannenbòòm oh Tannenbòòm
it gonz Joa konnscht dau Griin tròòn
dau strekscht de Nòòdeln machscht deich weit
un waatscht druff datt it endlich schneit
Oh Tannenbòòm oh Tannenbòòm
it gonz Joa konnscht dau Griin tròòn

Oh Tannenbòòm oh Tannenbòòm
dau bischt so scheen dass eich deich mòòn
eich han meich iwa deich gefreit
un dat nit nua zua Weihnachtszeit
Oh Tannenbòòm oh Tannenbòòm
dau bischt so scheen dass eich deich mòòn

Oh Tannenbòòm oh Tannenbòòm
dein Nòòdelkläd will mia wat sòòn
wat imma dò iss gift uus Kraft
un Troscht die Hoffnung uus vaschafft
Oh Tannenbòòm oh Tannenbòòm
dein Nòòdelkläd will mia wat sòón

Än Reesche dat gewaas woa

Än Reesche dat gewaas woa
aus äna Wurzel nua
vazeelen uus die Alten
aus Jessa kämt de Spua
un hat än Blimchin braat
mitten im kalten Winta
zua ongefongnen Naat.

Vom Reeschen datt eich männen
Jesaja hat gesaat,
nua ännet konn ea nennen,
it woa Marii, sei Maat.
Gott hat et ingelaad.
Et hat geboa än Kindchin
zua ongebrochnen Naat.

Vom Himmel hoch dò kumm eich hea

Vom Himmel hoch dò kumm eich hea,
vazeelen auch än naue Mäa,
von dea nau Mäa wääs eich so vill,
dass eich än Littchin singen will.

Auch is än Kindchin haut geboa,
än jung Fraau woa dò auserkoa.
Dat Kindchin is so zaat un dinn,
än riesisch Frääd soll auch dat sinn.

It is da Herrgott, uusa Chrischt,
ea will nit dat in Not dau bischt,
ea will gea uusa Häland sinn,
dat mia frei von all Sinden ginn.

It gift jò gleich dunkel

It gift jò gleich dunkel
it gift jò gleich Naat
eich gehn bei de Häland
weil dea uff meich waat
eich singen än Littchin
dem Kindchin dem Klään
dau konnscht sunscht nit schlòòfen
bis eich dò geween
dei dei dei dei schloof siiß mein léiw Kind

vagess nua mein Kindchin
dein Kumma dein Lääd
dass dau muscht so leijen
ohn Bux und ohn Klääd
die Engel die hallen
im Stall deich scheen waam
nit waama än Keenisch
hats met all sei'm Kram
dei dei dei dei schloof siiß mein léiw Kind

Wintersturm über Edinburgh

Dunkelgrau reiben Wolkentürme
sich an den Tragflächen des Flugzeugs
das im Gegenwind sich durch Luftschichten zwängt

immer wieder sackt die Maschine durch Löcher
wankt nach links wankt nach rechts
um die Fluglinie wieder auszubalancieren

im Sturmtief über Edinburgh
versucht der Pilot das Holpern
der Maschine zu erklären
die an Fenstern sitzen greifen nach Tüten und beten

endlich taucht im Sinkflug die Landebahn auf
in dem von Böen durchwirbelten Airport
weisen Lichtfeuer die Richtung aus

die Windfront reißt über die Gangway
rüttelt am Rumpf am Treppengeländer
an dem Aussteigende Halt suchen

blass blicken die Fluggäste
ringen sich zur Gepäckausgabe durch
die sich verzögert und mit der Durchsage endet
dass sämtliche Flüge und Landungen
ab sofort gestrichen sind

08.12.2011

Im Apex Hotel, Waterloo Place

Orkanböen peitschen durch die Princess Street
in der Mülleimer verschoben klappern und rappeln
Schirme werden herumgedreht
Besucher flüchten sich in die Gasthäuser

es ist leer in den Straßen Edinburghs
vereinzelt fahren Autos auf Parkhäuser zu
um das Abklingen des Sturms abzuwarten

im Apex Hotel sammeln sich in der Hotelhalle
die immer wieder getrocknet wird neue Gäste
sie warten an der Rezeption auf ihre Anmeldung
die sich hinzieht durch den Ausfall der Computer
Schlüsselkarten werden neu programmiert

nach der Wartezeit erholen sich
die im Sturm Angekommenen
an der Bar mit Bier oder Champagner
erzählen und lachen

wenn die Außentüren geöffnet werden
klirren am Tannenbaum die Glocken
aus Lautsprechern strömen Weihnachtslieder
Freitagabend vor dem dritten Advent

Schottischer Advent

Am Fuß des Vulkangesteins Princess Garden
Parade der Weihnachtsmänner
Dudelsackspieler tragen Schottenröcke
auf Vätern reiten Kinder
hoch droben thront Edinburghs Burg

in der Talsohle Menschen auf Kufen
laufen zur Weihnachtsmusik auf einem Eisfeld
Scheinwerfer spiegeln sich auf der Tanzfläche
Pirouetten verdoppeln sich

Buden locken mit Glühwein und Whisky
Seefisch und deutscher Bratwurst
wer friert sucht nach Mützen und Handschuhen
ein Händler verwandelt trockenes Pulver in Schnee

Karussellpferdchen drehen sich vor Kutschen
Riesenradgondeln steigen auf und ab
Fahrgäste blicken Besuchern des Scott Monuments
am oberen Punkt direkt in die Augen

unweit eine Rutschbahn
windet sich um einen Kegelstumpf
Lichtschlauch umwickelt

eine rote Bimmelbahn wendet
auf ihrem Dach ziehen weiße Rentiere
weiße Schlitten für die Rückkehr
an den Anfang des Rummels

Drei Weihnachtsmänner

Fast ihr ganzes Leben brachte sie in diesem Städtchen zu, in diesem Ort, in dem sie geboren wurde und aufwuchs, der ihr Heimat und Zuflucht war. Jede Straße war ihr vertraut, überall wuchsen ihr Geschichten entgegen, hallten aus den Gassen wie Choräle und übertönten zuweilen auch die Gegenwart. Der einsetzende Bombenhagel des Krieges zwang sie, mit ihrer Tochter zu fliehen. Nach der Evakuierung kehrte sie wieder zurück. Gemeinsam mit ihrem Mann, der zu Fuß aus Russland heimkam, baute sie ihr zerstörtes Haus noch einmal auf.

Während sie so über Vergangenes und Gegenwärtiges nachdachte, färbte der schneidige Wind ihre Wangen rot. Vereinzelte Schneeflocken hüpften auf die Erde und machten sich daran, eine Schneedecke zu bilden. Einige ließen sich auch auf ihrem lodengrünen Kopftuch nieder.

Sie war zweiundsiebzig Jahre alt. Als sie jung war, erschien ihr dieses Alter ein unermesslicher Zeitraum zu sein, den sie nicht begreifen konnte. Heute war es der natürliche Ablauf ihres Lebens, nichts Besonderes oder Ungewöhnliches, nur viel zu kurz. Sie fühlte sich nicht alt. Wäre sie berufstätig gewesen, befände sie sich schon lange im Ruhestand. - Im Ruhestand? Was bedeutete das schon? War man abgeschoben oder aufgehoben? War es das Ende oder der Beginn einer neuen Lebensphase? Sie hatte immer noch keine Antwort darauf gefunden, nur die Einsamkeit vergrößerte sich mit jedem Jahr.

Seitdem ihre Tochter mit Mann und Kind nach Belgien umziehen musste, kam sie sich manchmal sehr allein vor. Die anfänglich wöchentlichen Telefonanrufe wurden immer seltener, Geburtstage wurden wegen der Entfernung mit Feiertagen zusammengelegt, schließlich kostete die Fahrt nicht gerade wenig und bei ihrer Rente nicht öfter als zweimal im Jahr zu bezahlen. Dieses Jahr war Susanne mit ihrer Familie über Weihnachten in die Schweiz geflogen.

Da sie vor dem Fliegen eine unüberwindliche Angst hatte, blieb sie zu Hause. Morgen war Weihnachten. Bei diesem Gedanke krampfte etwas in ihrer Brust. Sie musste anhalten. Menschen hasteten unachtsam an ihr vorbei, einige rempelten sie an, ohne sich umzudrehen oder sich zu entschuldigen. So kurz vor Ladenschluss hatte keiner mehr Zeit. Nach ein paar Atemzügen setzte sie ihren Weg wieder fort. Warum sie auch heute in die Stadt ging, ausgerechnet am letzten Einkaufstag vor Heilig Abend. Sie staunte über ihre Gedankenlosigkeit, doch dann dachte sie, dass hier wenigstens Menschen waren, auch wenn einige unfreundlich oder grimmig an ihr vorbeischauten oder sie gar nicht wahrnahmen. Sich unter Personen zu befinden, ihre Hast und Eile zu spüren, ihr Lärmen und die Geräusche des Stadtverkehrs, all das erschien ihr in diesem Moment wichtiger zu sein als ihre eigene, nicht mehr ganz so vitale Konstitution. Kam da nicht Frau Meiers auf sie zu? Sie winkte von der anderen Straßenseite zu ihr herüber.

„Guten Tag Frau Meiers", rief sie ihr zu und wechselte die Straßenseite. „Sie sind heute in der Stadt?" fragte ihre Bekannte erstaunt.

„Fahren sie denn nicht nach Antwerpen?"

„Dieses Jahr nicht, Frau Meiers. Susanne ist in die Schweiz geflogen zum Skifahren."

„Wollten Sie denn nicht mitfahren?"

„Ach, wissen sie, die jungen Leute heutzutage müssen so viel arbeiten, da wollen sie auch mal unter sich sein. Außerdem fliege ich nicht, ich hab zuviel Angst davor. Unter den Himmel da trau ich mich nicht. Die Menschen sollten ihre Beine benutzen, dazu sind sie ihnen schließlich gewachsen."

„Sie hätten doch mit dem Zug nachreisen können."

„Ja schon, aber alleine reisen in meinem Alter ist auch nicht so einfach."

"Haben sie wenigstens ein paar Bekannte eingeladen?"

„Nun, Ida ist auch weggefahren. Und an so einem Tag kann ich doch meinen Freundinnen nicht zumuten, zu mir zu kommen."

„Aber jetzt sind sie ganz allein. Da fällt mir ein, dass die Caritas eine Weihnachtsfeier für alleinstehende ältere Menschen organisiert hat. Gehen sie doch dorthin." Frau Kramer gefiel dieser Gedanke nicht. Was sollte sie unter all diesen alten Leuten? Sie unterhielt sich viel lieber mit jüngeren Menschen. „Ach was, ich bleib lieber zu Hause. Unsereins hat schon ganz andere Dinge überstanden."

„Ja wenn sie meinen. Ich muss nun auch wieder los. Schöne Feiertage Frau Kramer."

„Ja, ihnen auch, schöne Feiertage Frau Meiers." Frau Kramer sah ihr nachdenklich hinterher. Wie gut sie es doch hatte, lebte bei ihrer Tochter im Haus, half im Haushalt und sah die Enkelkinder aufwachsen. Sie stellte sich vor, wie das wäre, wenn Susannes Mann hier Arbeit gefunden hätte. Dann wären sie sicher hier geblieben. Sie konnte Susanne keinen Vorwurf machen. Ganz im Gegenteil, sie musste Gott dafür danken, dass sie so einen liebevollen Mann gefunden hatte, der sich um sie kümmerte.

Sie nahm ihren Mut wieder zusammen und kam an den Eingang eines größeren Kaufhauses. Ein weißbärtiger alter Mann saß in der Ecke und hielt den Hut auf. Sie suchte in ihrer Tasche nach der Geldbörse, nahm einen Zehnmarkschein und legte ihn in den zerknautschten Hut. Der Bettelnde dankte ihr. Sie ging hinein. Die Heizungsluft war viel zu warm, aus den Lautsprechern tönten laut Weihnachtslieder. Es herrschte reges Gedränge, am Weihnachtsstand suchten viele noch nach Dekorationsartikeln.

„Wir haben aber einen echten Tannenbaum", hörte sie einen Jungen zu seinem Freund sagen.

„Papa fährt mit mir jedes Jahr zum Förster, damit wir uns einen Baum aussuchen können."

Jedes Jahr wurden unzählige Bäume geschlagen, und das nur für ein paar Wochen. Genügten nicht auch ein paar Zweige. Und dieser Baumschmuck! Perlenketten, Keramikengel, buntes Lametta, künstliche Kerzen! Noch niemals hatte sie künstliche Kerzen benutzt. Der Geruch von Bienenwachs gehörte für sie zum Fest wie der Glühweinduft, dieses Aroma von Zimt und Nelken.

Sie ging um den Stand herum und fand sie schließlich. Als sie eine Packung nahm, erinnerte sie sich an das Weihnachtsfest in der Evakuierung. Sie war mit Susanne bei einem Bauern untergekommen. Brot hatten sie und ein Dach über dem Kopf. Damals war das viel, auch wenn sie dafür hart arbeiten musste. Geschenkt bekam sie wirklich nichts im Leben. Aber an Weihnachten schenkte ihr der Bauer eine Kerze aus Bienenwachs. Die steckte sie zwischen ein Tannengebinde, das sie notdürftig hergerichtet hatte. Das Licht flackerte und sie sang mit Susanne ‚Oh du fröhliche, oh du selige'. Trotz all der Entbehrungen keimte in diesem Moment ein Gefühl der Geborgenheit auf und befreite sie für wenige Minuten von der Bitterkeit dieses grausamen Kriegspektakels, das Millionen Menschen den Tod brachte und nichts als Zerstörung, Trauer und Schuld hinterließ.

„Drei Euro vierzig", sagte die Kassiererin. Frau Kramer schreckte aus ihren Gedanken auf und zahlte. Plötzlich fühlte sie sich müde und abgespannt. Der Kaufhausrummel störte sie. Als sie die Kerzen verstaut hatte, machte sie sich auf den Heimweg.

Am nächsten Morgen schmerzten ihre Beine. Es war wohl doch zuviel gewesen. Nur das Notwendigste konnte sie erledigen. Zu sehr plagte sie dieses Ziehen in den Knochen und die Müdigkeit. Ach, wäre sie doch bloß zu Hause geblieben! Am frühen Nachmittag legte sie sich aufs Sofa, wickelte ihre grünkarierte Wolldecke um sich und schlief ein.

Sie wusste nicht, wie lange sie geschlafen hatte, als sie durch das Läuten der Türklingel geweckt wurde. Es war schon dunkel geworden. Sie zündete eine Kerze an und mühte sich an die Tür.

Draußen standen drei vermummte Mädchen mit bepackten Händen und sangen zitternd vor Kälte: „Vom Himmel hoch, oh Englein kommt, eja, eja, susani, susani, susani."

Frau Kramer war so verblüfft, dass ihr die Worte fehlten. „Fröhliche Weihnachten wünscht ihnen der Jugendclub. Alles Liebe und Gute und vor allem Gesundheit fürs kommende Jahr."

Frau Kramer war gerührt. Tränen rannen über die nun auch vom Kissen faltige Haut. Einen Augenblick rang sie nach Luft, dann sagte sie: „Fröhliche Weihnachten, fröhliche Weihnachten zusammen. Kommt doch herein, ich bin ganz alleine hier."

Sie drückte den Mädchen die Hände und diese freuten sich, dass ihre Idee, Weihnachten in die Tat umzusetzen, so erfolgreich war. Sie überreichten Frau Kramer ein Geschenk, Frau Kramer wärmte den Glühwein auf, packte Weihnachtsplätzchen aus, legte eine Schallplatte mit Weihnachtsliedern auf und plauderte die halbe Nacht mit ihren Weihnachtsmännern, die ihr wohl der Himmel geschickt haben musste.

Weihnachtsfreude

Wenn an kalten Wintertagen
leis der Nebel niederfällt,
hört man stumm die Herzen schlagen
in der Stille ruht die Welt.

Kerzen werden angezündet,
leuchten auf zu Jesu Christ,
dass er unsre Seelen findet,
er unser Erlöser ist.

Hell erstrahlen Kerzenlichter,
schmücken Weihnachtsbaum und Haus,
Freude spiegeln die Gesichter,
denken an den Weihnachtsschmaus.

Kalendernotiz: Engel

Engel sind die Boten Gottes („aggevloj" griech., „angelus" lat.). Im Lukasevangelium steht: „Denn er befiehlt seinen Engeln, dich zu behüten auf all deinen Wegen. Sie tragen dich auf ihren Händen, damit dein Fuß nicht an einen Stein stößt" (LK Ps 91, 11f.). Die Existenz der Engel als Glaubenswahrheit schöpft sich aus den Offenbarungen der Bibel. Sie wurde im 4. Laterankonzil, im I. und II. Vaticanum besonders hervorgehoben. Im Katechismus der Katholischen Kirche steht: „Die Engel sind rein geistige, körperlose, unsichtbare und unsterbliche Wesen. Sie schauen Gott unablässig von Angesicht zu Angesicht, verherrlichen ihn, dienen ihm und sind seine Boten bei der Erfüllung der Heilssendung für alle Menschen" (Kompendium Katechismus der Katholischen Kirche. Pattloch Verlag GmbH & Co. KG München 2005. S. 47).

Engel sind Wächter, Beschützer, Retter, Befreier, Verkünder, Vollstrecker, gebieten Einhalt und geben Beistand. Der Erzengel Gabriel verkündet Maria, dass sie einen Sohn gebären wird. Maria ist „voll der Gnade" (Lk 1, 28). Sie soll „den Sohn des Höchsten (Lk 1, 32) gebären. Auch Josef erscheint ein Engel: „Während er noch darüber nachdachte, erschien ihm ein Engel des Herrn im Traum und sagte: Josef, Sohn Davids, fürchte dich nicht, Maria als deine Frau zu dir zu nehmen; denn das Kind, das sie erwartet, ist vom Heiligen Geist." (Mt 1, 20). Bei der Geburt Jesu erscheinen den Hirten Engel. „Und plötzlich war bei dem Engel ein großes himmlisches Heer, das Gott lobte und sprach: Verherrlicht ist Gott in der Höhe, und auf Erden ist Friede bei den Menschen seiner Gnade." (Lk 2, 13f.).

Zitate

„Man weiß erst, ob man einem Engel ins Gesicht gesehen hat, wenn er wieder gegangen ist." - Jüdische Weisheit

„Nicht jeder, der von einem Engel erleuchtet wird, erkennt, dass er von einem Engel erleuchtet wird." - Thomas von Aquin, Summa theologica

Geschöpfe des Lichts

Ihr seid
die schönsten
die reinsten Geschöpfe

ihr seid flüchtiges Licht
hinscheinend
in den Ebenen der Nacht

ihr seid
nichts als Lächeln
über des Lebens Wagnis
des Sterbens Vermächtnis

ein Windhauch nur
Flügelschlag allen Sehens

*

Lichtwesen

flügeln um mich
wehenden Zugs

lärmenden Rausches
verborgen

sichtbar
in der Dämm'rung Spiegel

Spiegelbild

Oh ich erkenne Ihn
im Sanftmut ihrer Augen
im nie endenden Lächeln
in der Schönheit des Reinen

Wie nah sie mir kommen
wenn ich in der Ferne versinke
wie weit sie mir folgen
im Untergang

Welche Klarheit
wenn ihr Öffnen
mich erreicht

*

Engelspuren

Allen Gesichtern in uns
entfallen wohnt ihr
in Allem

gnadet das Helle
in der tiefsten Tiefe

wartet
wacht

Engel

Die in Zartheit versunken
lächelnden Glücks
besternen Verdunkeltes
lichtern Liebe
behauchen entatmeten Nachtwind
stillen Gestirns

Schutzengel

Ich spüre die Nähe
wenn ich mein Sein
an den Rand dränge
voll sehnenden Suchens

in mich hinein hörend
spricht ins Irdische
das Unsichtbare
und stillt mich

All Deine Engel
bemühen sich
um uns

Sie trauern um uns
weinen ums uns
warten auf uns
So wie wir nie
zu warten wagten

Kalendernotiz: Weihnachten

„diu gnâde diu anegengete sih an dirre naht: von diu heißet si diu wîhe naht" ist die älteste Fundstelle für die Bezeichnung Weihnacht aus der Predigtsammlung Speculum ecclesiae 1170 und bedeutet „Die Gnade (Gottes) kam zu uns in dieser Nacht: deshalb heißt diese nunmehr Weihnacht." (In: Jacob Grimm, Wilhelm Grimm: Deutsches Wörterbuch. Hirzel, Leipzig 1854–1960 (woerterbuchnetz.de, Universität Trier). "Die Kirche feiert an Weihnachten weit mehr als den Geburtstag des Jesus von Nazareth: sie jubelt darüber, dass Gott in die Welt gekommen ist und sich auf die Geschichte mit den Menschen bis zum heutigen Tag einlässt. Jesus ist auch der Christus, der Gesalbte, der Sohn Gottes und der Retter der Welt. Dabei hält die Kirche daran fest, dass dies von Anfang an so war. Es hat sich weder zufällig ergeben, noch wurde es später in das Leben Jesu hineininterpretiert. Die Geburt Christus ist das gewollte Werk Gottes, bei dem er selbst zu Fleisch geworden ist." (www.erzbistum-muenchen.de/Page000248. aspx aufgerufen 30.10.12). Weihnachten wird nicht nur an einem einzigen Tag gefeiert, sondern mit der gesamten Weihnachtszeit. In den katholischen Kirchen an Heilig Abend am 24. Dezember mit der Vigilmesse, der Christmette und der Hirtenmesse, dem Hochfest der Geburt des Herrn am 25. Dezember. In den evangelischen Kirchen wird Heilig Abend mit der Christvesper und Christnacht gefeiert, am 25. 12 das Christfest I, am 26.12. das Christfest II.

Der 26. Dezember, der 2. Weihnachtsfeiertag, ist Stephanus, dem Erzmärtyrer Stephan, erster Märtyrer (Griechisch: „Kranz, Krone") gewidmet. Er war einer der sieben Diakone der christlichen Urgemeinde zu Jerusalem. In Streitgesprächen, besonders vor hellenistisch gebildeten Juden, vertrat er die Wahrheit der Lehre Jesu Christi. Er wurde zum Tod durch Steinigung verurteilt. Am 27. Dezember ist der Tag des Apostels und Evangelisten Johannes der Jüngere, Sohn des Zebedäus. Er war zunächst ein Jünger Johannes des Täufers. Zusammen mit Petrus und Jakobus gehörte er zu den drei Jüngern, denen Jesus besonders vertraute.

Am 28. Dezember wird das Fest der unschuldigen Kinder gefeiert. An diesem Tag wird an die in Bethlehem neu geborenen und auf Geheiß von König Herodes ermordeten Kinder bis zum Alter von zwei Jahren (Matthäusevangelium 2,16) gedacht. „Ein Geschrei ist in Rama zu hören, bitteres Klagen und Weinen. Rahel weint um ihre Kinder und will sich nicht trösten lassen, um ihre Kinder, denn sie sind dahin." (Jeremia 31, 15). Das Fest wird bereits im Martyrologium Hieronymianum angegeben und steht in enger inhaltlicher Verbindung mit Weihnachten. Unter der „Heiligen Familie" versteht man Josef, Maria und das Jesuskind. Auf Weisung eines Engels fliehen Maria, Jesus und Joseph. Sie kehren auf eine weitere Weisung des Engels im Frühjahr zurück. Seit der nachkonziliaren Kalenderreform 1969 wird das Fest der Heiligen Familie am Sonntag in der Weihnachtsoktav gefeiert. Wenn kein Sonntag mehr zwischen Weihnachten und Neujahr fällt, ist dies am 30. Dezember.

In Russland heißt die Weihnachtszeit "svjatki" – heilige Zeit. Moskau ist Sitz der Russisch-Orthodoxen Kirche: im Danilow-Kloster residiert der Patriarch. Seit dem Fall Konstantinopels 1453 durch das Osmanische Reich betrachtet die russisch-orthodoxe Kirche Moskau als das Dritte Rom, als Zentrum des orthodoxen Christentums. Den Heiligen Abend am 6. Januar nennt man in Russland Sochelnik oder Koljadki. Peter Tschaikowsky schrieb in einem Brief an seine Mäzenin Nadjéshda von Meck dazu: "Am Sonnabend in irgendeine alte Kirche zu gehen, im Halbdunkel zu stehen, umfangen von Weihrauchdüften, tief in sich selbst zu versinken und Antwort zu suchen auf die ewigen Fragen; wozu, wann, wohin, warum; aus seiner Besinnung zu erwachen, wenn der Chor zu singen beginnt, sich ganz dem Eindruck der hinreißenden Musik hinzugeben, von stillem Entzücken durchdrungen zu werden, wenn die Goldene Pforte sich öffnet und ›Preiset den Herrn‹ ertönt – oh, wie liebe ich das alles! Das ist eine der größten Lebensfreuden!"

Der Hauptgottesdienst wird vom Patriarchen von Moskau und ganz Russland in der Christ-Erlöser-Kathedrale in Moskau gehalten, dem größten Kirchengebäude der russisch-orthodoxen Kirche.Etwa sechstausend Menschen finden dort Platz. So wie in Deutschland die katholische Christmette mit dem Papst im Petersdom in Rom im Fernsehen übertragen wird, so wird auch der Gottesdienst in der Christ-Erlöser-Kathedrale in Moskau in ganz Russland übertragen.

Bauernregeln und Sprüche
Wenn's Christkindlein Tränen weint, vier Wochen keine Sonne scheint.

Zitate
"Mein Herz dichtet ein feines Lied, einem König will ich es singen." (Ps 45, 2)
"Uns ist ein Kind geboren, ein Sohn ist uns gegeben. Und er heißt: Wunder-Rat, Gott-Held, Ewig-Vater, Friede-Fürst. Halleluja!" (Jes 9, 5)
"Das Wort ward Fleisch und wohnte unter uns, und wir sahen seine Herrlichkeit." (Joh 1, 14a)

✳

Warten aufs Christkind

Sternenlicht erhellt
die Nacht der Mond lächelt still
im Fenster flackern Kerzen

Weihnachtsmelodien
spielt das Radio hinterm Vorhang
Warten aufs Christkind

eine Glocke bimmelt
Geschenke liegen unterm Christbaum
für die Bescherung der guten Wünsche

Christnacht

Die Kerze seh ich leuchten
inmitten dunkler Nacht,
wärmt Hände uns, die feuchten,
hat Lichtschein uns gebracht.

Sag an, was strahlen Kerzen
so hell und wunderbar,
dass freuen sich die Herzen
an ihrem Schein, fürwahr.

Es ist doch Christnacht heute,
die heilig, stille Nacht,
erwacht ist ewge Freude,
Erlösung ist gebracht.

So lasst und niederknien,
lasst beten uns zu Gott,
Christus ist uns erschienen
in unsrer Erdennot.

Die Botschaft

Es war als würden Engel stürzen
durch alle Zeiten in unsre Erdenwelt
den Leidensweg der Menschen zu verkürzen
denn Licht heller als Licht über dem weiten Feld

    die Hirten sahen nachts bei ihren Schafen
    sie standen auf und trieben ihre Herden
    nach Bethlehem den Engelchor sie trafen
    Gottes Sohn sollte geboren werden

doch alles was sie schließlich fanden
war eine Hütte mit einer Futterkrippe
in der Maria, Josef und die Tiere standen
das Kind lag im Stroh gebettet in der Wippe

    und Ochs und Esel schnauften wie die Kühe
    damit das Kind vor Kälte nicht erfror
    der Morgenstern erhob sich aus der Frühe
    der Himmel läutete den Glockenchor

der Knabe streckte spielerisch die Hände
verwob der Mutter langes Schulterhaar
als ab die Schöpfung noch einmal erstände
wurd' es den Hirten und der Welt gewahr:

    hier lag ein König ohne Kron' im Stroh
    und sah die Mutter die ihm auserkoren
    hoch über ihnen flammte heil'ge Loh
    der Menschen Heil im Stall war neugeboren

Heilige Nacht

In dieser stillen Nacht die Engelschar
mit Flügeln ihre hellen Töne schwingen
ins Erdenreich, das im hohen Klingen
des himmlischen Gesangs dem Menschenpaar

im Stall da die Frau ein Kind gebar
Sternen fleht zum Leuchten sich zu bringen
dass Funken auf die Seelen überspringen
voll hehrer Freude denn es wurde wahr

was einst Johannes uns verheißen hat
dass einer kommt aus einer andren Welt
dem er die Füße wäscht zu Boden fällt

was laut und mächtig scheint und satt
Maria ihn voll Ehrfurcht an sich schmiegt
das Heil der Welt in ihren Armen wiegt

*

Bethlehem, oh Bethlehem,
in der Krippe wird es liegen,
Jahwe ist hinab gestiegen
von des Himmels hohem Thron.

Bethlehem, oh Bethlehem,
eine Mutter wiegt ihr Kind,
sehet unsre Schuld zerrinnt,
Jesus Christus Gottes Sohn.

Hört des Botenengels Ton

Hört des Botenengels Ton:
Preist den neugebornen Sohn!
Fried auf Erd, voll Gnad befreit.
Gott die Sünden uns verzeiht.
Freudvoll alle Völker weist,
Sieg des Himmels uns umkreist.
Engel künd'gen uns von dem
Christ gebor'n in Bethlehem.
Hört des Botenengels Ton:
Preist den neugebornen Sohn!

Christus wirft das Himmelslot,
Christus allerhöchster Gott.
Aus der Zeit er zu uns kommt,
Retter, der uns alle frommt.
Herr, der Mensch geworden ist,
Heil dem neugebor'nen Christ.
Sein Kreuz macht das Leben hell,
Jesus, der Emanuel.
Hört des Botenengels Ton:
Preist den neugebornen Sohn!

Deutsche Liedtextübertragung des Weihnachtsliedes "Hark! The herald angels sing". Die Melodie des Liedes „Hark! the herald angels sing" geht auf Felix Mendelssohn Bartholdy zurück. Sie war ursprünglich Teil des Festgesangs zum Gutenbergfest, den Mendels-sohn 1840 zur „vierten Säcularfeier der Erfindung der Buch-druckerkunst" in Leipzig schrieb. Der Hauptteil des Textes stammt von Charles Wesley, der 1739 in dessen Sammlung Hymns and Sacred Poems veröffentlicht wurde.

Wem ist das Kind

Wem ist das Kind, wo schläft es wohl?
Im Leib Marias will's schlafen.
Die Engel grüßen mit süßem Ton,
in seine Zeit sie eintrafen.

Dies, dies ist Christus König.
Ihm wacht die Garde, der Engelchor.
Preist, preist und singt ihm laut,
dem Kind, dem Sohn Marias.

Es liegt im Stall so kalt und arm,
wo Ochs und Esel lärmen.
Der Christen Heil, der Seelen Trost,
die stillen Worte wärmen.

Geht, seht des Sternes Strahl,
er fällt auf dich und mich herab.
Heil, Heil, das Wort ward Fleisch,
das Kind, der Sohn Marias.

So bringt ihm Silber, Gold und Myrrhe,
kommt her an Gottes Lohn denkt.
Den König aller Kön'ge preist,
ein liebendes Herz den Thron schenkt.

Ehr, Ehre, Gott in der Höhe,
die Mutter singt und wiegt ihr Kind.
Freut euch ist der Christ gebor'n,
das Kind der Sohn Marias.

Deutsche Liedtextübertragung des Weihnachtsliedes "What child is this"
von William Chatterton Dix zur englischen Volksmelodie "Greensleeves"

Ein neuer Stern

Erwacht ist uns ein neuer Stern,
bringt Frieden uns und Heil,
dass alle Menschen glücklich sind,
sich freu'n in nah und fern.

Ihr Menschen seid nun frohgestimmt,
ein jeder auf der Welt.
Der findet, der den Höchsten sucht,
er, der die Angst uns nimmt,

So lasst uns danken Dir, oh Herr,
dein Stern wird nie vergehn,
für Deine Liebe in der Not,
bis wir uns wiedersehn.

Text zur Melodie des englischen Liedes „Amazing Grace"

Der Stern von Bethlehem

Er hörte zu, wo andere weghörten.
Er sah hin, wo andere wegschauten.
Er ergriff das Wort, wo andere schwiegen.

Er berührte Menschen, wo anderen schauderte.
Er reichte die Hand, wo andere Gräben zogen.
Er umarmte den Feind, wo andere töteten.

Kein Mensch hat ihn je wiedergesehen.
Kein Mensch ihn je wieder gehört.

Nur manchmal,
wenn jemand sich selbst vergisst
und alles hergibt,
was ihm etwas bedeutet hat,
glüht am Himmel
der Stern von Bethlehem.

Weihnachtsstern

Die Nacht umspannt das Gipfelkreuz der Hänge,
ein Tannenzweig im Schneegestöber sinnt
verwaist nach Licht; ein Strom aus Flocken rinnt
herab, es wirren spitze Eisgesänge

vom Joch ins Tal wie helles Tongesprenge.
Ein Strahlenkranz der Dunkelheit entrinnt
und leuchtet; neugeboren lacht ein Kind,
dass funkeln aller Zinnen Ränge.

Ein Stern entsteht, er weist den Weg den Weisen,
die unbeirrt den Ort der Schöpfung suchen.
Die heilige Verkündigung ersuchen

die Wanderer auf unberührten Gleisen.
Erschöpft verlassen sie die kahlen Pfade
der täglichen Gesellschaftsmaskerade.

Die Naat lò is än Kind geboa

Wie woa it gischta doch so kalt,
geziddat han die Bääm.
Un wie die Naat iwa meich fallt,
woa mia, als wenn eich trääm.

It Dunkel glitzat iwarall,
än Feiawerk aus Licht,
als kämten Strahlen aus em All,
als wenn da Himmel bricht.

Un pletzlich singt und klingt so hell
iwa de Bääm wie'n Choa,
als wenn gefloo all Engeln schnell
zu uus om Änn vom Joa.

Bei meinen Nòòpaan brennt aach Licht,
die jung Fraau kritt än Kind.
Se honn schunn long dodruff gewaat,
ob se die Hebomm find

Än Auto hält, äna steit aus
un klingelt on da Dia.
Die Dia get uff, die Dia get zou,
gonz komisch is it mia,

als wenn die Naat än Kindchin bringt,
wie dòmòls zu dea Zeit.
Eich siin, wie dò än Rehbock springt,
bestimmt is it so weit.

Eich louen hoch, da Himmel blitzt
un schimmat volla Schnee.
Än Kindchen schrait, än Kindchin lacht,
die Fraau steent noch voll Weh.

Die Naat lò is än Kind geboa
wie dòmòls zu dea Zeit,
als Oks und Esel bei `nen woa
un Stern geblitzt von weit.

It klirrt noch imma hell und zaat,
de Strooß gift longsom weiß.
Da Winta hat uff't Kind gewaat,
jetzt schickt ea uus sein Eis.

*

Jed Joa imma widda

Jed Joa imma widda
kummt it Christkindchin
uff die Erd lò nidda
wo mia Leit dò sin

keat met seinem Seejen
in in jedet Haus
get uff allen Weejen
mit uus in und aus

Iss òn meina Seit lò
kääna kennts im Lond
zeit mia still de StròòßB dò
met da léiwen Hond

Stille Naat, häälisch Naat

Stille Naat, häälisch Naat,
alles schlòòft, ääna waat,
nua it häälisch Paar dò woa
lout nòm Bou met dem lockisch Hoa
schlòòft in himmlischa Rou
schlòòft in himmlischa Rou

Stille Naat, häälisch Naat,
lacht da Bou Gottes Gnaad
léiw met seinem gettlichen Mund
dò uus schlaat die rettende Stund
Chrischt in deina Gebuat
Chrischt in deina Gebuat

Stille Naat, häälisch Naat,
Hirten hanns uus gesaat
Engel singen Hallelujah lò
teent it laut von weit und von nò
Chrischt da Retta is dò
Chrischt da Retta is dò

das Kind

wo bist du
kind der erlösung
in welchem krieg

wirst du heute geboren
spricht vater dir gewalt

wo bist du
kind der erlösung
in welchem land
wirst du heute geboren
spricht vater dir freiheit

wo bist du
kind der erlösung
in welcher familie
wirst du heute geboren
sagen eltern dir trennung

wo bist du
kind der erlösung
in welchem leib
wirst du heute geboren
spricht mutter dir verweigerung

wo bist du
kind der erlösung

Än Wunna

Im Kellabach hat än Reh sich vasprung
die Kinna honn't änfach mit hämm gebrung
än Dorn hat sich in die Huf ringedreht
it konn nimme laafen it humpelt wenn't geht

se honn it zum Dokta om Bersch hingeschafft
die Huf rot vablut die Wunn richdisch klafft
da Dokta saat dat wird än länga Geschicht
dò missen a helfen bis die Huf grad gericht

so kummen die Kinna jetzt Daa fo Daa
han Kerb voll mit Futta dem Reh hingetraa
un uffgefüllt met Hafa die Kripp
bis it serick konn zu seina Sipp

om hälijen Owend dat Wunna geschaa
it Reh hat sich in't Gebüsch rin geschlaa
kummt widda serick nickt un vaschwind
de Kinna vom Au än Trän runna rinnt

da Dokta hat se in de Aame geholl
mett Stern iwasäät woa die Naat uff änmoll

Polarlicht

Eiskammern des Winterschlosses
wir frieren in den Räumen der Kalthäusigkeit

Elchkühe durchforsten silbrige Frostwälder
in sich tragend die natürliche Vermehrung

selbst Wölfe hungern in der Tundra
ein Rudel legt die Blutspur
verbeißt sich verzweifelt im Schnee

das Heulen der Dunkelheit
schwächt die Sinne

Polarlicht blitzt hellt
für einen kurzen Moment
ein Lichtschweif
der einen Bogen zieht

hör nur
ein Kind weint
im Schoß der Mutter

Oh käm zu uns noch einmal einer

der seinen Himmel senkt
für unsre Welt voll Finsternis

oh käm zu uns noch einmal einer
der seine Güte lenkt
in diese Welt voll Bitternis

ach hell erstrahlten alle Sterne
im Hof des Sterns der einen Nacht
und über uns glühte von ferne
das Gotteslicht zur ew'gen Wacht

doch welcher Raum wär ihm bereitet
welch Krippenplatz für ihn bestimmt
ihn der die Not in Freude leitet
der uns die Angst zu leben nimmt

oh Christ gedenke deines Höchsten
der dich befreite aus der Nacht
der dir den Engel schickt als Nächsten
auf deinem Weg zur ew'gen Pracht

Rauhnächte

Frostklingen brechen
aus Sternen Glitzersteine
Nachtkälte flimmert

Im Wasserspiegel
Einbruch der Kältenebel
Eisspäne fliegen

Kälteschockstarre
Eisüberflutung auf See
Fische im Glashaus

Wehr der Eiszungen
hält Schilfrohrs Spätblüten fest
Schneekugelflora

Winterzauber

In der Nacht hat es geschneit und um sechs Uhr in der Frühe regt sich schon das Leben. Es ist still und so schallt jedes Geräusch in die Höhe. Als ich um zehn Uhr das Hotel verlasse, sind bereits viele auf den Beinen. Ich habe den Eindruck, dass neue Gäste angekommen sind, so viele Menschen sind in der Fußgängerzone anzutreffen. Der Schnee rieselt in wässrigen Flocken und ich schlage meine Kapuze über den Kopf.

„Es sind doch Deutsche da", sagt eine Österreicherin zu ihrem Begleiter. Mit deutschen Gästen hat man wohl weniger gerechnet und wundert sich nun, dass einige sich nicht haben abschrecken lassen. Gesprochen wird überwiegend Weanerisch, ansonsten hört man italienisch, englisch und russisch.

Es ist diesig, die Schneewolken hängen tief ins Tal und die Sonne lässt auf sich warten. Dennoch gerate ich in eine Schneelandschaft, die ich seit längerer Zeit so nicht mehr gesehen habe. Der Kurteich ist leicht überfroren, einzelne Sträucher stechen aus der Eisschicht. Der Schnee hat weiße Kugeln daraus geformt, Wattebälle, deren Anordnung rein zufällig ist. Am Ende des Teichs ist die Wasseroberfläche noch offen. Wildenten tauchen darin herum und hüpfen auf die dünne Eishaut. Auf großen alten Tannen liegt der Schnee handbreit auf. Bei leichten Windstößen fällt er hin und wieder zu Boden, eine Winterwelt, geeignet für ein Postkartenbild. Nur die Sicht ist durch den Dunst stark getrübt. Die Hänge des Kreuzkogels sind weiß verhüllt, einige Berghütten sind zu sehen, die Schwaden ziehen an ihnen vorbei.

Ich laufe die Wiener Allee hinunter, die 1985 den Wiener Besuchern gewidmet wurde. Die Gasteiner Ache säumen auf der anderen Seite Wohnhäuser. Von deren Fenstern aus muss man eine schöne Aussicht auf den Kurpark haben. An der 1936 erbauten Achenbrücke verlasse ich den Wanderweg und laufe in den Ort, der sich Hundsdorf nennt. Hier ist es weniger feudal, aber immer noch ansehnlich. Mir scheint, die ortsansässigen Hofgasteiner sind eher in diesem Viertel zu finden. Doch die Zeit, mich auf ein Gespräch einzulassen, bleibt nicht. Meine Jacke ist vom Schnee schon durchnässt und ich muss zurück, bevor ich mich erkälte und mir einen Schnupfen hole.

Gasteiner Ballade

Zwischen Bergspitzen raucht Nebel,
ist der Sonne Augenknebel
im Gasteiner Tal.

Eingepfählte Wegpassagen,
zugeschneite Höhenlagen,
der Brückensteig ist schmal.

Spuren zeichnen meinen Tritt,
Ferne fällt mit jedem Schritt.
Das Bild verblasst, wird fahl.

Von Dorfgastein bis Laderding
ein Sonnenschweif in Gipfeln hing,
des Wand'rers liebste Wahl.

Der Achenpromenade nach
vereistes Gras am Ufer brach,
die Erde quoll schwarz auf.

Nach Stunden dann Bad Hofgastein,
der Thermentempel lud mich ein,
der warme Wasserlauf.

Ich gönnte meinen Füßen Ruhe,
löste meine Wanderschuhe,
beendete die Qual.

Erholt der Stadtbummel begann,
ich mich der Wegstrecke entsann,
der Kilometerzahl,

die ich grad hinter mir gelassen,
konnte ich es nicht recht fassen.
Es war einmal

die Lust, das Winterherz zu finden,
die Zeit in der Erinn'rung binden,
der Suche heil'ger Gral.

✳

Wintermärchen

Dort, wo sich das Licht trifft,
auf dem Blauweiß der Zweige,
auf dem Schneefeld,
das Besucher nicht kennt,
auf der Eiszone,
die ein Gebirgsbach durchmisst,
in den Kältenebeln des Morgens,
schwindelt in meinen Augen
das Märchen, das man Winter nennt.

Es flüstern Kristalle,
klirren Tannenzapfen,
stöhnt Gebälk unter der Eistracht,
eine Sinfonie aus Weiß.

Primiero

Ins Blau gemeißelt. Granitgebirge sprengt
die Weite majestätisch. Wolkenfall
ins tiefe Tal hinab. Umschützt sein Wall
San Martino di Castrozza und Primiero. Mengt

Gewächs, Gehölz, Getier. Im Land sich's drängt,
Geschichte und Geschichten. Tirol – ein Hall
aus Dolomitenklang. Von überall
beströmen dich Besucher. Eingezwängt

dein Bild. Cismon beruhigt das Treiben
auf den Plätzen. Es zwingt sein Fluss zur Einkehr
den Betrachter. Kristallgewässer trotzt dem Wehr

der Felsensteine, wogt, sich's kräuselt. Bleiben
im Ohr zurück die Töne des Parlandos
und von den Hängen der Adler schrill Kommandos.

Im Dunstkreis

Ein Dunstkreis hält den frühen Tag gefangen
welch Gähnen bleicher Wolken, deren Hauch
umherzieht, sich verpustet, seinen Schmauch
auf breiten Tannen ablädt; weiß behangen

der Kurpark Wege wähnt und Bänke, Stangen
am Teichrand, jeden Zweig an jedem Strauch.
Die Wasservögel kreisen um den Lauch
der Gräser unbekümmert, gefangen

im Griesel. An Bad Hofgasteines Thermen
sich Gäste Leib und Seele wärmen.
Ich wandere im Frost entlang der Ache

nach Hundsdorf, Fronten sind dort gleicher.
Der Tand verblasst, Konturen werden weicher,
die Sonne wirkt, aus Schnee wird eine Lache.

Einkehr

Bad Hofgastein umwirbt ein warmes Licht.
Am Stubnerkogel blendet es den Gipfel,
die Wolken spannen ihre weiten Wipfel,
hoch droben trüben Dunstfelder die Sicht.

Ozon bedrängt im Tal die graue Schicht.
Folgt Einkehr auf den schlechten Wetterzipfel
genügend Ausgleich schaffen mürbe Kipfel
auf Sahneeis. Kaffeearoma mischt

sich in den Mittag voller Festtagssprüche,
tischt Nobles auf aus edler Sternenküche:
ein Festmahl, das die Sinne schnell besticht.

In Gaumenfreuden schwelgen trunken Gäste.
Nur draußen hellauf knittern alle Äste.
Bad Hofgastein umwirbt ein warmes Licht.

Winterwege

Im Zentrum wandern frostgeschützt im Nerz
die Gäste unbekümmert auf geräumten Wegen,
flanieren um den Teich auf schmalen Stegen,
als wäre Kälte ein Dezemberscherz.

Die Enten ihn beschnattern Terz für Terz,
wie Windgesänge, die in Tannen fegen
nach Schneegestöber. In den Wildgehegen
die Tiere Nahrung wittern. Ein Futterherz

am Kreuz der Hütte baumelt. Von harschen Tritten
gestört verlassen sie die Lichtung. Mitten
im Schneeplüsch ziehen Pferde eine Kutsche.

In Decken eingepackte Passagiere
durchrattern holpernd Rotwilds Waldreviere.
Dem Wagen wird das glatte Eis zur Rutsche.

Kalendernotiz: Sylvester und Neujahr

Der letzte Tag des Jahres wird mit einem Feuerwerk, Orakeln oder Mitternachtsgottesdiensten gefeiert. Böse Geister sollen vertrieben werden. Beliebt ist das Bleigießen. Über einer Kerze wird in einem Löffel Blei erhitzt, das anschließend im Wasser abgekühlt wird. Aus den Figuren wird das neue Jahr vorhergesagt.

813 wurde der 31. Dezember als Namenstag des Papstes Silvester eingeführt, der an diesem Tag verstarb. Die evangelische Kirche begeht ihn als Altjahrsabend, an dem der Sieg Jesu über die bösen Mächte der Welt gefeiert wird. Noch vor dem 7. Jahrhundert feierte man in Rom am 1. Januar das Fest Natale sanctae Mariae. Das Fest der Beschneidung des Herrn wurde im 13./14. Jahrhundert von Rom übernommen. An diesem Tag gedachte man der Beschneidung Jesu acht Tage nach der Geburt. 1969 wurde der Festtag in der katholischen Kirche wieder zu einem Marienfest umgewandelt, in das Hochfest der Gottesmutter Maria.

Nicht der Weihnachtsmann bringt in Russland die Geschenke, sondern Väterchen Frost und zwar am 31. Dezember. Väterchen Frost heißt auf Russisch Ded Moroz. "Ded" bedeutet im Russischen Großvater und "Moroz" Frost. Wörtlich übersetzt heißt er also "Opa Frost". Ein dicker Eiszapfen dient ihm als Wander- und Zauberstab. Väterchen Frost reist aus Sibirien in einer Pferdetroika an, das Pferdegespann, bei dem drei Pferde nebeneinander vor einer Kutsche angeschirrt sind. Das Glöckchen, das bei der Troika an der Duga des Mittelpferdes angebracht ist, hält mit seinem ständigen Gebimmel die Pferde in Trab. Väterchen Frost ist in Begleitung eines Jungen, der Neujahr heißt und seiner hübschen Enkelin Snegurotschka, die auf Deutsch Schneemädchen oder Schneeflocke genannt wird.

Der Tannenbaum wurde von deutschen Familien Anfang des 19. Jahrhunderts mit nach Russland gebracht. Er wird vor dem Silvesterabend prächtig geschmückt. Für die Neujahrsfeier, die überall in russischen Schulen, Kindergärten und Konzerthallen veranstaltet werden, verkleiden sich Kinder als Schneeflocken, Häschen oder Bärchen. Alle versammeln sich um den Weihnachtsbaum und rufen drei Mal laut nach Väterchen Frost.

An Sylvester wird in Russland mit riesigen Freudenfeuern der wärmende Frühling herbei beschworen. Die sündigen Männer stürzen sich in eiskalte Seen und Flüsse, um sich reinzuwaschen. Um herauszufinden, was das Neue Jahr mit sich bringt, greift man auf jahrhundertealte Rituale zurück. Junge Frauen laufen mit einem Spiegel hinaus in die dunkle Nacht. In ihm soll sich ihr zukünftiger Ehemann zu erkennen geben.

In Russland sagt man: "Das Neue Jahr wird so sein wie die Silvesterfeier. Trinken wir darauf, dass das kommende Jahr genau so fröhlich wird wie der heutige Abend!" oder "Stoßen wir auf das Väterchen Frost und seine Enkelin Snegurotschka an. Sie werden weder alt noch krank und haben immer genug Geld für Geschenke! Trinken wir darauf, dass wir auch so werden wie sie!"

Bauernregeln und Sprüche
Die Neujahrsnacht hell und klar, deutet auf ein reiches Jahr.
Wenn's um Neujahr Regen gibt, oft um Ostern Schnee noch stiebt.
Am Neujahrstage Sonnenschein, lässt das Jahr uns fruchtbar sein.

Zitate
"Das Leben war das Licht der Menschen und das Licht scheint in der Finsternis und die Finsternis ergriff es nicht." Joh 1,1-18
"Der Herr behüte deinen Ausgang und Eingang von nun an bis in Ewigkeit." Ps 121, 8.
"Wenn du gerne rodelst, dann zieh' auch gerne den Schlitten." Russisches Sprichwort.

Vieni Gésu, reste per noi

Nicht die Gebirgsregion ist das Besondere, der historische Hintergrund, das internationale Flair, das Kaiser Franz Josef und Kaiserin Elisabeth von Österreich hinterlassen haben, auch nicht die fünfzehnhundert Höhenmeter des Trentiner Städtchens, selbst der Pelzmantel nicht, der fast überwiegend getragen wird, sowohl von eleganten als auch weniger eleganten Signoras und Signorinas, hier mitten im Naturpark Adamello Brenta, wo der Braunbär noch zu Hause ist, weht der eigentümliche Atem der Madonna, der Urlaubsort, der auch ihren Namen trägt:: Madonna di Campiglio.

Eine kleine Gemeinde versammelt sich in der neuen, am antiken Bau angelehnten Kirche, an diesem Platz, an dem einst Joseph Österreicher residierte. Gemessen an der Zahl der Touristen, zuweilen zählt man an die vierzigtausend Gäste, ist der christliche Kreis, der sich regelmäßig zur Liturgie trifft, verschwindend gering. Etwa fünfhundert Plätze bietet der Neubau.

Der Stil erinnert eher an einen Saalbau, konisch auf den Altar hin zulaufend, dessen linke Hinterwand ein großes Gemälde des Kreuzweges ziert. Bis zur Decke hin spitzt sich rechts daneben ein viereckiges, etwa achtzig Zentimeter breites Gemäuer zu, das in einem imposanten, vielfarbigem Stern die Monstranz birgt.

Signore Gésu ist hier und man spürt mit dem Betreten dieser Stätte eine spirituelle Ruhe, den heiligen Geist. Er überträgt sich auf die Gottesdienstbesucher und schafft unmittelbare Nähe. Die katholische Kirche ist universal, was Fremden erlaubt, an Gesängen und Gebeten teilzuhaben, auch wenn man die italienische Sprache nicht beherrscht. Ritus und Liturgie verbinden Gottesgläubige aus aller Welt. Anders als in deutschen Messen werden sie auch direkt in deren Zelebrieren miteinbezogen. Der schon ältere Padre geht vor Beginn behutsam auf die ersten Reihen zu, spricht einige von ihnen an und findet immer genug Personen für die Lesungen und Fürbitten. Selbst das Austeilen der Kommunion wird einem Laien mit anvertraut. Die notwendigen kirchlichen Weihungen verleiht ein ihnen umgehängtes Kreuz. In der Predigt verkündigt der Padre am Neujahrstag 2003 die Worte des Papstes Johannes Paul II. zum Weltfriedenstag Außerhalb des Kirchengebäudes hängen in den umliegenden Ortschaften verstreut einige bunte Flaggen mit dem Aufdruck „Pace".

Nach dem Opfergang bittet der Padre vier Kinder zu sich, fragt am Altar nach ihren Namen und stellt sie der Gemeinde vor. Während des „Vater Unser" halten sie sich an den Händen und bilden eine Gebeteskette. Danach wünschen sich die Gottesdienstbesucher gegenseitig „Pace".

Der Padre löst sich von den Kindern und geht auf die Gläubigen zu, um einigen die Hand zu reichen. So werden im Handumdrehen aus Besuchern Mitgestalter ohne vorherige Proben. Denn Messdiener gibt es keine. Gerade mal ein Dutzend Kinder empfingen 2002 die erste heilige Kommunion. Ihre Bilder sind am Eingang ausgehängt.

Wenn am Ende der Messe das Gottesvolk „vieni Gésu, reste per noi" singt, liegt der Segen Christi auf allen, die zu ihm gebetet haben. Spirituell bereichert verlassen sie die Kirche mit jenem heiligen Hauch, den einst die Madonna verströmte.

01.01.2003

96

Moena

1

Massiv aus Fels begrenzt das Fassatal.
Im Westen ragt empor der Rosengarten,
im Osten Alpe di Lusias Gipfel warten
und Latemars Gebirge kappt die Zahl

der Zufahrtsstraßen. Wer trotz der Qual
Moena will besuchen muss bald starten.
Die zugeschneiten Wege jene narrten,
die meinten, vieles stünd' zur Wahl.

Doch nur die Via Dolomiti führt
zur Heimat der Ladiner. Deutlich spürt
der Gast die tausendjährige Geschichte.

Das Straßenbild, von altem Handwerk stolz geprägt,
verrät die Herkunft: Die Giebel in den Berg geschrägt.
Gesteinswelt macht Auswüchse schnell zunichte.

2

Die Via Löwy säumt getünchtes Fachwerk,
Fassaden eingefärbt in Rosa, Gelb und Blau
mit Arabesken bis zum Dachverhau.
Die Fronten lenken meinen Augenmerk

auf schmucken Zierrat vor dem Tor der Herberg',
die ihre Gäste aufnimmt vor des Abends Grau.
Dass jeder Mensch in San Vigilio Gott vertrau
erscheint das Dorf im Berglicht wie ein Kunstwerk.

Und in den Winkeln steiler Gassen schmiegt
Geruch aus Tradition und Holzbrand Berg
und Mensch zusammen. Der Natur Gewerk

versöhnt die Schöpfung. Wer die Not besiegt,
das Leben annimmt, sich in Liebe weiß,
erfährt das Glück auf eine ganz besondere Weis'.

Kalendernotiz: Januar

Im Althochdeutschen hieß der Januar Hartung: Monat, mit viel Kälte, Eis und Schnee. Das Wintergetreide benötigt Kälte für die Fruchtbildung. Schnee schützt es vor Nässe und starken Frösten. Die Beschaffenheit des Schnees gibt Auskunft über die Bodentemperatur. Trockener Pulverschnee bedeutet Temperaturen unter minus zehn Grad, ist er weich und knirscht, liegt sie unter minus fünf Grad, ist er pappig, steigt die Temperatur auf null Grad. Suchen Waldtiere in der Nähe der Dörfer nach Nahrung, wird es kälter. Auch wenn die Sonne wieder länger scheint, bleibt es kalt.

Epiphanie oder Erscheinung des Herrn heißt seit altersher das zweite Weihnachtsfest am 6. Januar. Während der 25. Dezember die Menschwerdung oder Inkarnation feiert, ist der 6. Januar der Göttlichkeit Jesu Christi gewidmet. Die Ostkirche feiert am 6. Januar Weihnachten. 1164 kamen die Gebeine der heiligen Dreikönige von Mailand nach Köln, das zum Zentrum der Dreikönigsverehrung wurde.

Bauernregeln und Sprüche

Wenn bis Dreikönig kein Winter ist, kommt keiner mehr nach dieser Frist.
Soll man den Januar loben, muss er frieren und toben.
Knarrt im Januar Eis und Schnee, gibt's zur Ernt' viel Korn und Klee.
Wirft der Maulwurf im Januar, dauert der Winter bis Mai sogar.

Zitate

"Der Herr wird ans Licht bringen, was im Finstern verborgen ist, und wird das Trachten der Herzen offenbar machen." 1. Kor 4, 5b
„Bewerten sie nicht jeden Tag nur nach der Ernte, sondern auch nach den Samen, den sie gepflanzt haben." Robert Louis Stevenson

Januar

Kälte. Im Schnee spiegelt
sich Sonne blaublütig.

Windfrost in den Haaren
und Schneestaub im Gesicht.

Jemand friert den Eistod.
Das Warmhalten gelingt nicht mehr.

Kristallzapfen
drehen uns eine Nase.

Nun ist er doch gekommen,
der Winter.

Weihnachten

Es war an Dreikönig
die Mädchen wahrsagten es:
zogen die Pantoffeln aus
stellten sie vors kalte Haus
und beteten zum lieben Gott

Text zur Musik „Die vier Jahreszeiten" - Dezember
von Pjotr Iljotsch Tschaikowsky Originaltext: W. Schukowsky

Am Kamin

Heimliche Zeit
voll Stille ruhst du in dir
webst mit dem Dämmerschein
Träume in Nächte ein

heimliche Zeit
vollziehst dich in mir
das Feuer im Kamin
stirbt langsam vor sich hin

hellauf noch flackert die Kerze
allem Erlöschen zum Scherze

Text zur Musik „Die vier Jahreszeiten – Januar"
von Pjotr Iljotsch Tschaikowsky Originaltext: A. Puschkin

Schneeflug

Teil dir den Tee ein
wenn der Schnee kommt
wenn sein Weißgesicht
dich anschaut
fest im Frost ruht
auf dem deine Füße
keinen Boden finden

im freien Fall
stoppelt der rostige Ritter
Zottelflocken in die Landschaft
galoppiert in die Schneisen der Eiszeit

dein Herzschlag verlangsamt
damit das Blut den Winter überdauert

Schneezug

Wenn du sein Eis singen hörst
treibt er den Wind an
mit seinem Schraubstock
bog der die Schienen
schnellt seinen Schneezug
durch die Straßen
an die Haltestellen der Häuser

dann wärm deinen Wein
fackel an Zucker und Zimt
Äpfel im Backraum
stell Licht dir ins Fenster

im Glas verglühen
Eisstaubsterne

Brixental

Kohlschwarze Grate ragen auf
gipfeln den Wilden Kaiser
mit einer Schneeweißkrone
die hohe Sonne schärft den Blick
spiegelt sich auf flach abfallenden Steintafeln

sie werfen das Licht zurück
in den tiefhängenden Himmel
der sich mit Wolkengrau vollsaugt
bis das Blau versiegt

entlang der Tannenlinien
streifen Dunkelflächen
das Immergrün des Nadelwalds
ziehen über Felsen hinweg
verbinden den Hochbrixen mit der Choralpe
legen Windseile um die Steinanker
für die Adler, die sich von Seite zu Seite hangeln.

ein Husky kauert an der Übungswiese
bewacht rutschende Kinder
die ungeachtet der Eintrübung
vergnügt den Schnee durchpflügen

Winterherde

Erfroren fällt Laub auf die Erde,
verloren überm Wurzelsaum.
Die Tiere wandern in der Herde,
naturgebeugt, ohne Beschwerde,
zum Rastplatz wird ein Tannenbaum.

Doch mitten in den weißen Welten
erschallt ein Röhren wie ein Schrei.
Zwei Hirsche sich entgegen stellten,
Geweihe ineinander schellten,
verwundet geben sie sich frei.

Die Herde weiterzieht nach Norden
durch Täler, Wälder, übern Berg.
Frostig und still ist es geworden,
die Wölfe lauern auf zum Morden,
die Hungerzeit vollbringt ihr Werk.

Nicht alle überstehn den Winter,
auch wenn die Horde sie beschützt,
den Lahmen und den schnellen Sprinter,
irgendwann bleibt einer dahinter,
ihm hat die Herde nichts genützt.

Und kommt die Zeit der milden Winde,
verweht die Spuren übers Land,
dass Eis und Schnee bald wieder schwinde
der Saft steigt nährt die harte Rinde,
ein Kälbchen seine Mutter fand.

Kalter Krieg

Des Winters Jagdhorn Frosthauch
fährt Krähen aus dem Kahlschlag
an die Winterfront wo Wolkengebirge
Eisnägel auf Dächer hämmern
Frostspäne splittern von Ziegeln
der Zimmermann verkauft keine Holzbalken mehr
nur abgeschottete Räume
durch die kein Fuchs mehr schnürt
und Schneisen reißt Wild wehrt sich
gegen den kalten Krieg mit Futtersuche
Winterjäger tragen die Büchse im Anschlag
uns kann der Schuss nicht treffen
wir haben den Winterbau nicht verlassen
wie das Heer der Vögel die zur Verteidigung
des Unterschlupfs eine Konferenz ausrufen
wir kehren den Schnee von den Stegen
wenn er um uns stöbert den Geist
mit seinem Ächzen vernebelt
und treiben das Feuer an
um der Starre zu entkommen

Überwinterung

Vor mir schwächelt die Sonne
abgeneigt das Fliehlicht der Horizonte
kaltfarbig

wo Dunkel den Tag bestimmt geht das Leben
ins Dämmern über stumm benommen
kleinräumig

ich tage in die Nacht betrachte
mit Lampenaugen den Ausfall des Hellen
wer kehrt heim schwankt
wenn der Frost Eisblumen sprüht

ich schöpfe Wärme aus den
Funken erdachter Morgenröte
Hoffnungslichter unter den Verkrustungen
der Jahreszeit hüllen Versunkenes ein
spenden Ruhezeit Auszeit Bedenkzeit

wenn die Saat aufgeht
löst sich die Verpuppung
entwachsen Keime der Erdzelle
schlankes Grün mit der Neigung zum Blühen

Wintersturm

Frostiger Peitschenschlag
Windböen reißen Schnee von Dachschindeln
Pulverwirbel stürmen durch Straßen
fegen die Fußspuren glatt

Balkone stehen verloren im Sturm
am Vogelhäuschen zittern Tannenmeisen
Fichten schütteln sich

Ofenrauch schraubt Wärme ins Weiß
nebelt Schriftzüge Winterzeichen
Wegweiser für Heimkehrer

Wintermorgen

Schwarze Luftzüge
kreuzen im Zyanblau
Standvögel fliegen Haken

Im Rotreif gebranntes Siena
spröder Blätter knittert
Eichelhäher stöbern

Im Wasserlauf
wellt sich das Licht

Spiegelbilder
vom Frosthauch gebleicht
treiben im Köllerbach

Winterdienst

Schneegetürmt
unter verknöchertem Schwarzlaub
verharren Winterschläfer

könnt ich doch auch verschlafen
den Kältetod

so treibt der Winterdienst
sein Spiel mit mir

geräumt und ungeräumt
gestreut und ungestreut
vereist
verweht
versalzen

*

Wintertreiben

Lichtblind wütet sein Weiß
Kälteschock rempelt den Rauch an
der aus Kaminen strömt
zieht Schneehauben über Ziegeln
und biegt sich ins Kirschholz

im Köllerbach spiegelt sich
Bittern und Zittern
Enten zerhacken den Fischplatz
Rauhreif kentert im Treibeis

Wintergeläuf

Ungebrochen wirft das rote Sonnenrund
Kälte strahlendes Eislicht das aufsteigt
über dem Horizont Blattreste schlagen
auf die Zeiger der Jahresuhr

im Wintergeläuf das nichts schont
verlasse ich was wärmt
um den Hunger zu stillen
den der Frost mir nicht nachlässt

Winterjagd

Ein Karibu rennt der Herde nach
läuft pausenlos durch Schneewälder
den Wölfen davon

spann die Hunde vor den Schlitten
sie wittern die Spur
der Jagenden

Winter

In den beißenden Frost hinaus.
Ein Atemnebel züngelt. Kältestoss.
Jemandes Pulsschlag friert im Schoss
verhärteter Landschaft. Im Garaus

der Farben lodert Wangenrot.
Wie es knittert in den Einsamkeiten.
Sprosst aus schneeweißen Wendezeiten
Kristallglanz. Eiszapfen senden das Lot

zur frühen Nacht, die Licht verdrängt.
In den dunklen Gefächern klirrt
sphärisches Glockenspiel, das flirrt

zwischen vereisten Neonröhren. Anfängt
erbarmungslos das Jahraus bei dem Versuch,
Strenge zu mildern. Brandgeruch.

Winterfischen

Zeit des Eises
wenn erfrorene Stimmen
im Wasser treiben
uns überstürzt
die silbrige Haut des Nebels

bewegungslos die Fische
eingegraben in den Sand des Sees
Ungeduldige stoßen ihr Maul
gegen die Glaswand

Eisfischer haben ein Loch geschlagen
Luft zischt wie ein Geysir
reißt Mützen von den Ohren

die Beute zerrt
an der Winterangel
mit der Hoffnung
auf Freilassung

Kalendernotiz: Februar

Der Februar ist der kürzeste Monat des Jahres mit 28 Tagen und einem Schalttag im vierjährigen Rhythmus. Niedriger Sonnenstand ist im Februar der Auslöser für Kälte und den Wärmetausch. Kommt überschüssige Kaltluft des Polareises in den Süden, zieht warme Luft in den Norden. Treffen in südlichen Gegenden Wasservögel ein, sind selbst die Gewässer im Norden zugefroren, es gibt keine Nahrung mehr. Dann kann es im Februar noch einmal klirrend kalt werden.

Vierzig Tage nach Weihnachten, am 2. Februar, ist Mariä Lichtmess, auch Darstellung des Herrn oder Einführung Jesu in den Tempel genannt. Am 14. Februar ist Valentinstag. Der Überlieferung nach traute Bischof Valentin von Terni gegen den kaiserlichen Befehl Soldaten, was am 14.02.269 auf Befehl des Kaisers Claudius II seine Enthauptung zur Folge hatte. Der Heilige Valentin ist Schutzpatron der Jugend, Reisenden und Imker; für Bewahrung jungfräulicher Unschuld, gute Verlobung und Heirat, gegen Ohnmachtsanfälle, Wahnsinn, Epilepsie, Gicht, Pest und Gebärmutterkrankheiten.

Das Ende des Winters wurde seit jeher mit furchterregenden Kostümen und Masken gefeiert. Glaubt man einer altbabylonischen Inschrift, so wurde im 3. Jhd. vor Christi in Mesopotamien bereits ein früher Vorfahre des heutigen Faschings gefeiert. Darin heißt es: „Kein Getreide wird an diesen Tagen gemahlen. Die Sklavin ist der Herrin gleichgestellt und der Sklave an seines Herrn Seite. Der Mächtige und der Niedere sind gleich geachtet".

Im mittelalterlichen Europa veranstaltete man in Kirchen und Klöstern „Narrenfeste". Einmal im Jahr durften die strengen Regeln des klösterlichen und kirchlichen Lebens ungestraft gebrochen, sogar verhöhnt werden wie in der Eselsmesse, bei der alle Beteiligten Tierkostüme trugen. Ein „Narrenbischof" hielt die Messe, als Messgesang erklangen Tierlaute in der Kirche. Im deutschen Raum wurde die Fastnacht insbesondere im 14. und 15. Jahrhundert gefeiert. Die Reformation schaffte sie wieder ab.

Die Entwicklung zum Straßenkarneval ist den Handwerkszünften in den Städten des 18. Jahrhunderts zu verdanken. Sie verkleideten sich und veranstalteten satirische Aufführungen, insbesondere vor den Häusern wohlhabender Bürger. Zur Wiederbelebung des Karnevals wurde 1823 in Köln eine neue Art der Straßenfastnacht begründet, der heutige Karneval.

Die sogenannte fünfte Jahreszeit beginnt am 11. November und endet in der Nacht zum Aschermittwoch. Die alemannische Fasnet ist neben dem rheinischen Karneval eine eigenständige Form des Faschings im südwestdeutschen Raum und in Teilen der Schweiz. Sie geht auf mittelalterliche Bräuche zurück. Die Masken, Schemmen oder Larven genannt, sind aus Holz, die Hästräger (Kostümträger) behalten die Verkleidungen bei. Die Fastnachtshochburg Saarwellingen im Saarland pflegt mit den „Saarwellinger Greesen" eine alemannische Tradition.

Bauernregeln und Sprüche

Wenn's zu Lichtmess stürmt und schneit, ist das Frühjahr nimmer weit.
Ist's am Valentin noch weiß, blüht zu Ostern schon der Reis.
Wenn fremde Wasservögel nah´n, deutet das große Kälte an.
Liegt im Februar die Katz im Freien, wird sie im März vor Kälte schreien.
Fällt im Fasching Schnee, rufen die Apfelbäum' Juchhe.
Wenn die Ameisen sich zeigen, ist vorbei des Winters Reigen

Zitate

"Karnevalsliebe stirbt zur Fastenzeit." Italienische Redensart
„Humor ist, wenn man trotzdem lacht." Julius Bierbaum
"Wir sind Toren um Christi Willen." 1. Kor. 4,10
„An Karneval maskiert man sich, damit man die Maske fallen lassen kann." Gerhard Uhlenbruck

Februargarten

Verknöchert vom strengen Frost
nicht Nest noch Heimat
kahles Kirschbaumholz

gegenüber die Lebensbäume
voll übergegangenen Früchten
hängen schwer herab

schwarz schwingen Elsterflügel
vertreiben Wintervögel
vom kärglichen Rest

bald wird es knospen
an Zweigen
die jetzt Gerippe sind

nach innen drängt
Winterfrost und Kälterau

zieht nicht auch dein Herz
sich zurück
wenn es vor Kälte friert

natürliche Vollendung
der Sehnsucht
wenn sie
Winterschlaf hält

und doch währt
eines Blickes Licht
und bleibt

Winterkälte

Sturmmöwen kreischen unverhofft
über der Saar sammeln sich auf Eisschollen
die aus dem Wasser schroff nach oben ragen
den Lauf des Flusses wie an einem Kragen packen
auf dem im offenen Gefeucht Stockenten
treiben als ein winterlich Geleucht

    ein Silberreiher wagt es den Hals zu recken
    dass der Schnabel aufrecht steht wie die Zeiger
    der Uhr die im Becken der klirrenden Wintermontur
    verharren um Lachmöwen die Zeit zu ahnen
    die eine hohe Sonne zeigt als würde sie
    jene zum Mittagsschlaf ermahnen

und schwarze Vögel stehn wie Pinguine
auf dem Schmelz wie auf einer Sonnenbank
als sei der Fluss eine Ruine die der Sommer
der Eiszeit hinterließ die genügt für alle
die sich vergnügt darauf tummeln

    und freuen wie die Kinder die auf Eisbahnen
    balancieren während Eltern in der sibirischen Kälte
    im Pelz über die Bismarckbrücke promenieren
    auf der Väterchen Frost grimmig ächzt und krächzt
    bevor die Gäste sich in Heimreisen verlieren

Saarbrücken 12.02.2012

Winterquartier

Die Saar ist eingefroren die Feder die dem Vogel
vom Frost entrissen im Schmelz geeist
flattert als Fahne für alle die von weit gereist
sich niederlassen für die Rast am Strom

der karge Winter gaukelt Quartiere
darin Silberreiher auf Stelzen Flügel schwingen
die sich im Niederringen der Glätte heftig bauschen

wer kann dem Klang des Federkleides lauschen
wenn Schneekristalle wie von Sinnen
im Fallen eines Sturms zur Erde rauschen

Saarbrücken 12.02.2012

Wendezeit

Die Vögel flogen fort. Sie zogen manchen Kreis.
In stummen Ästen sprosst das kalte Nass.
Der Wintergäste Töne schwirren blass
hinunter in die leeren Gärten. Nun riecht es weiß

in Stuben, ofenwarm geschürt. Auf dem Steiß,
dem blanken, hockt sich's hart. Wer den Plüsch vergaß´,
bemerkte gleich, dass Trauer in den Wänden saß.
Hoch oben auf den Dächern wächst Geschmeiß.

Bald hört man's rascheln, keimen in den neuen Iden,
spürt wahre Lust, mit einem mal davon zu fliegen.
Nur wer stets langsam gräbt bahnt Wege aus dem Eis.

Im Licht des späten Winters schon Keime sich versammeln.
Sie blinzeln scheu hervor, wenn Heimkehrer leis stammeln:
Die Schatten sind gewichen auf wendiges Geheiß.

*

Alemannische Fasnet

Masken tanzen in Straßen
heben Schellengestelle
springen, singen und klingeln
klopfen den Boden und toben
juchzen schnurren und rufen
Narri-Narro die Fasnet isch do

Wintervertreibung

Tage wie Masken
lachen und weinen
hinter erstarrter Haut

ich entblättere mich
vertreibe mit meiner Auszeit
Kaltlicht und Traurigkeit

hellsichtig
neigt der Himmel
sich mir ins Aug

Wärmeschauer
entladen sich

Karneval

Hoppsasassa hoppsasassa
hüpft der große Clown
im Kreis herum

hoppsasassa hoppsasassa
alle tanzen mit
er lacht sich krumm

doch die Narrenkappe
ist eine Attrappe
für das Trinkgelage bloß

Sekt beginnt zu schäumen
niemand will's versäumen
Karneval ist rigoros
Mummenschanz ein ernstes Los

Text zur Musik „Die vier Jahreszeiten" – Februar
von Pjotr Iljotsch Tschaikowsky Originaltext: P. Wjasemsky

Greesendaach

Die Greesen kummen, die Greesen kummen
Saarwellingen is volla Leit
wea haut sich ohne Maske zeit
dem fängt da Kopp laut on se brummen

weil nix me is wie't gischta woa
alles is haut gonz umgekeat
ma wääs nimme wat sich geheat
wea komisch lout dea is noch kloa

Die Greesen kummen, die Greesen kummen
die ewen iwa se gerätscht
ginn gleich moll struwellisch geplätscht
unn doot geschwätzt um se vadummen

wea anneren dò schnell vatraut
gift rot vakusst un abgeschleppt
von Faasendbòòzen gutt geneppt
un schwupps da Geldbeidel geklaut

Danòò is alles widda rum
kään Donzmariechin Publikum
un kään Mengenkes me gemach
haut sòòn die Leit widda nua Tach
dea alte Ärnscht is widda dò
all Greesen widda abgezòò

Inhalt

Quellenangaben

Der Stern von Bethlehem. Aus Bist Himmel mir und tausend Feuerfunken. Gedichte. Mauer Verlag. Rottenburg a/N. 2003. ISBN 3-937008-46-2 und in: Lametta und Kerzenschein. Bilinguale Anthologie. Etaina Verlag Martina Merks-Krahforst. Tholey 2006. ISBN3-9811097-0-8 und in: Martinsblättle. S. 12. Kirchengemeinde St. Martin Wiblingen, St. Anton Unterweiler. Ausgabe 168, Dezember 2009-Februar 2010 und in: Adventskalender 2010/2011. Hrsg. Künstlerinitiative Köllertal.

Der Winter. Nachdichtung des Sonetts von Antonio Vivaldi. Aus: Verwirbelungen der Zeit. Lyrik mit Bildern von Carolin Isele. WiKu Éditions Paris E.U.R.L. Paris und WiKu Verlag KG Berlin 2005. ISBN 3-86553-203-9 und in: Kinder verstehen Gedichte. Herbst- und Wintergedichte. Birgit Brandenburg. Verlag an der Ruhr 2007. ISBN 3-8346-0264-7 und in: O-Ton Arbeitsbuch für den Musikunterricht in der Sekundarstufe I. Clausen, Bernd/ Schläbitz, Norbert (Hg.). Schöningh Verlag Paderborn 2011 und in: Programmbuch Musiktage Mondsee 2011. S. 9. Hrsg. Verein MUSIKTAGE MONDSEE, Postfach 3, 5310 Mondsee (A). und in: CD Booklet "Die vier Jahreszeiten" mit Joshua Epstein und dem Kammerorchester Merck. Orlandus Verlag. München 2012.

Die Worte der Wälder. Erstveröffentlichung in: Alle Dinge sind verkleidet. S. 82. Inge + Theo Czernik Verlag. Hockenheim 1997. ISBN 3-930045-67-2. Aus: Lichtflut. Reisenotizen. Lyrik und Prosa. Edition Calamus. Norderstedt 2001. ISBN 3-8311-1493-5 und in : Adventskalender 2005/2006. Hrsg Werkstatt für kreatives Gestalten der Stadt Püttlingen in Zusammenarbeit mit der Künstlerinitiative Köllerbach und PD Dr. Joachim Conrad und in: Lametta und Kerzenschein. Bilinguale Anthologie. Etaina Verlag Martina Merks-Krahforst. Tholey 2006. ISBN3-9811097-0-8.

Das Geheimnis, Der Herr der Liebe. Aus Bist Himmel mir und tausend Feuerfunken. Gedichte. Mauer Verlag. Rottenburg a/N. 2003. ISBN 3-937008-46-2.

Winter In: Die Farbe der Natur. Kasskara Verlag. Norderstedt 1995. ISBN 3-92 9084-11-2.

Geschöpfe des Lichts. Aus Es kommen andere Ewigkeiten. Gedichte. WiKu Édition Paris ISBN 2-84976-018-8 WiKu Verlag 2007. ISBN 978-3-86553-189-6 und in: Adventskalender 2007/2008. Hrsg Werkstatt für kreatives Gestalten der Stadt Püttlingen in Zusammenarbeit mit der Künstlerinitiative Köllerbach und PD Dr. Joachim Conrad.

Im Dunstkreis, Einkehr, Winterwege, Schneerose, Christrosengeflüster, Wintermorgen, Rauhnächte, Wintersturm. Aus: Himmelsstürme. Gedichte mit Fotografien. edition Wort Verlag Bitburg 2010. ISBN 978-3-936554-00-3.

Liebe, Licht vom Licht. Erstveröffentlichung Adventskalender 2011/2012. Hrsg. Künstlerinitiative Köllertal. Püttlingen 2011. Aus: Das Jahr: Dichtung in vier Sätzen. Gedichte mit Fotografien. BoD Books on Demand Norderstedt 2013. ISBN 978-3-7322-3168-3.

Marias Lob, Heilige Nacht, Weihnachtsstern. Erstveröffentlichung Adventskalender 2009/10. Hrsg. Künstlerinitiative Köllertal. Aus: Himmelsstürme. Gedichte mit Fotografien. edition Wort Verlag Bitburg 2010. ISBN 978-3-936554-00-3.

Allerliebstes Licht, Geschöpfe des Lichts, Weihnachten, Am Kamin, Wintertönung, Karneval. Aus: Es kommen andere Ewigkeiten. Gedichte. WiKu Édition Paris ISBN 2-84976-018-8 WiKu Verlag 2007. ISBN 978-3-86553-189-6

Weihnachtsmarkt Aus: Verwirbelungen der Zeit. Lyrik mit Bildern von Carolin Isele. WiKu Éditions Paris E.U.R.L. Paris und WiKu Verlag KG Berlin 2005. ISBN 3-86553-203-9.

Wendezeit. Erstveröffentlichung LYRIK HEUTE. S. 53. Inge + Theo Czernik Verlag. Hockenheim 1996. ISBN 3-930045-44-3 und in: Dichter und Schriftsteller Deutschlands 1996. S. 94. Taurus-Verlag. Echterdingen 1996. ISBN 3-932135-00-8. Aus: Lichtflut. Reisenotizen. Lyrik und Prosa. Edition Calamus. Norderstedt 2001. ISBN 3-8311-1493-5.

Winterhoffnung. Erstveröffentlichung in: Winterserenade. S.23 Mohland Verlag. Goldebek 1998. ISBN 3-932184-29-7. Aus: Lichtflut. Reisenotizen. Lyrik und Prosa. Edition Calamus. Norderstedt 2001. ISBN 3-8311-1493-5.

Wintermärchen. Aus: Lichtflut. Reisenotizen. Lyrik und Prosa. Edition Calamus. Norderstedt 2001. ISBN 3-8311-1493-5 und in: Kinder verstehen Gedichte. Herbst- und Wintergedichte. Birgit Brandenburg. Verlag an der Ruhr 2007. ISBN 3-8346-0264-7.

Dezember, Winterzeit, Winterland, Advent, Weihnachtsfreude, Christnacht. In überarbeiteter Fassung. Aus: Windblumen. Gedichte. Saarbrücken 1985.

Winterwelt, Winternächte, Winters Einkehr, Winterliebe, Schneehaus, Naats still, Schneesturm, Wilderers Nachtlied, Nussknacker und Haselmaus, Der schwarze Nikolaus, Marias Erwählung, Mariengebet, Verkündigung, Advent, Advent, Saarbrücker Christkindlmarkt, Vorfreude, Wintersturm über Edinburgh, Im Apex Hotel, Waterloo Place, Schottischer Advent, Die Botschaft, Warten aufs Christkind, Ein neuer Stern, Bethlehem, oh Bethlehem, Än Wunna, Oh käm zu uns noch einmal einer, Schneeflug, Schneezug, Winterdienst, Wintertreiben, Februar, Winterkälte, Winterquartier, Wintergeläuf, Wintervertreibung, Alemannische Fasnet, Greesendach. Aus: Das Jahr: Dichtung in vier Sätzen. Gedichte mit Fotografien. BoD Books on Demand Norderstedt 2013. ISBN 978-3-7322-3168-3.

Alle übrigen Texte sind Erstveröffentlichungen

Quellenverzeichnis Kalendernotizen
Advent, http://www.daskirchenjahr.de/tag.php?name=&zeit=Advent& typ=Einfuehrung 24.09.2012
Advent, http://www.kathpedia.de/index.php?title=Advent, 24.09.2012
Advent, http://de.wikipedia.org/wiki/Advent, 24.09.2012
Altjahresabend, http://www.daskirchenjahr.de/tag.php?name=altjahrsabend&zeit=Jahreswechsel, 24.09.2012

8. Dezember - Maria Immaculata Concepta, http://www.perikopen.de/Gedenktage/8Dez_Lk1_26-38_Dorn.pdf, 31.08.2012

Engel, http://de.wikipedia.org/wiki/Engel, 04.10.2012

Engel, http://www.kathpedia.de/index.php?title=Engel, 04.10.2012

Epiphanie, http://www.kathpedia.de/index.php?title=Epiphanie, 31.08.2012

1. Januar - Maria Gottesmutter, http://www.perikopen.de/Lesejahr_B/W_Lk2_1-21_Kirchschlaeger.pdf, 31.08.2012

Januar, http://de.wikipedia.org/wiki/Januar, 31.08.2012

Lucia, http://www.heiligenlexikon.de/BiographienL/Lucia.htm, 31.08.2012

Neujahr, http://www.kathpedia.de/index.php?title=Neujahr, 31.08.2012

Nikolaus von Myra, http://www.heiligenlexikon.de/BiographienN/Nikolaus_von_Myra.htm, 31.08.2012

1. Sonntag im Advent, http://www.daskirchenjahr.de/tag.php?name=1advent&zeit=Advent, 11.09.2012

2. Sonntag im Advent, http://www.daskirchenjahr.de/tag.php?name=2advent&zeit=Advent, 11.09.2012

3. Sonntag im Advent, http://www.daskirchenjahr.de/tag.php?name=3advent&zeit=Advent, 11.09.2012

4. Sonntag im Advent, http://www.daskirchenjahr.de/tag.php?name=4advent&zeit=Advent, 11.09.2012

Unbefleckte Empfängnis, http://www.kathpedia.de/index.php?title=Unbefleckte_Empf%C3%A4ngnis, 11.09.2012

Karneval, http://de.wikipedia.org/wiki/Karneval, 31.08.2012

Raureif, http://de.wikipedia.org/wiki/Raureif, 01.10.2012

Reif, http://de.wikipedia.org/wiki/Reif_(Niederschlag), 01.10.2012

Schnee, http://de.wikipedia.org/wiki/Schnee, 01.10.2012

Valentin von Terni, http://www.heiligenlexikon.de/BiographienV/Valentin_von_Terni.htm, 11.09.2012

Winter, http://de.wikipedia.org/wiki/Winter, 31.08.2012

Februar, http://de.wikipedia.org/wiki/Februar, 31.08.2012

Heilige Barbara, http://www.heiligenlexikon.de/BiographienB/Barbara.htm, 31.08.2012

Advent, Weihnachten und Neujahr in Russland: www.russlandjournal.de 26.08.14

Bücher von Vera Hewener

Vermisstenanzeige. Gewidmet den ermordeten Juden des Naziregimes. Lyrik und Prosa. Libri BoD. Norderstedt 2000. ISBN 3-8311-0748-3. 2. erw. Auflage 2014. ISBN 978-3831107483.

Lichtflut. Reisenotizen. Lyrik und Prosa. Edition Calamus. Norderstedt 2001. ISBN 3-8311-1493-5. 2. erw. Auflage 2014. ISBN 987-3831114931.

Eine Neigung aus Blau. Gegenwartslyrik. Norderstedt 2002. ISBN 3.8311-3334-4

Bist Himmel mir und tausend Feuerfunken. Gedichte. Mauer Verlag. Rottenburg a/N. 2003. ISBN 3-937008-46-2.

Verwirbelungen der Zeit. Lyrik mit Bildern von Carolin Isele. WiKu Éditions Paris E.U.R.L. Paris und WiKu Verlag KG Berlin 2005. ISBN 3-86553-203-9

Es kommen andere Ewigkeiten. Gedichte. WiKu Édition Paris ISBN 2-84976-018-8 WiKu Verlag 2007. ISBN 978-3-86553-189-6.

Himmelsstürme. Gedichte mit Fotografien. edition Wort Verlag Bitburg 2010. ISBN 978-3-936554-00-3

Das Jahr: Dichtung in vier Sätzen. Gedichte mit Fotografien. BoD Books on Demand Norderstedt 2013. ISBN 978-3-7322-3168-3